CONSELHOS GESTORES E PARTICIPAÇÃO SOCIOPOLÍTICA

Questões da Nossa Época

Volume 32

Dados Internacionais de Catalogação na Publicação (CIP)
(Câmara Brasileira do Livro, SP, Brasil)

Gohn, Maria da Glória
Conselhos gestores e participação sociopolítica / Maria da Glória Gohn. — 4. ed. — São Paulo : Cortez, 2011. — (Coleção questões da nossa época ; v. 32)

Bibliografia.
ISBN 978-85-249-1763-9

1. Participação política - Brasil 2. Participação social - Brasil I. Título. II. Série.

11-05981 CDD-323.0420981

Índices para catálogo sistemático:

1. Brasil : Conselhos gestores : Participação sociopolítica : Ciência política 323.0420981

Maria da Glória Gohn

CONSELHOS GESTORES E PARTICIPAÇÃO SOCIOPOLÍTICA

4ª edição

2ª reimpressão

CORTEZ EDITORA

CONSELHOS GESTORES E PARTICIPAÇÃO SOCIOPOLÍTICA
Maria da Glória Gohn

Capa: aeroestúdio
Revisão: Amália Ursi
Composição: Linea Editora Ltda.
Coordenação editorial: Danilo A. Q. Morales

Direitos para esta edição
CORTEZ EDITORA
Rua Monte Alegre, 1074 — Perdizes
05014-001 — São Paulo — SP
Tel.: (11) 3864-0111 Fax: (11) 3864-4290
E-mail: cortez@cortezeditora.com.br
www.cortezeditora.com.br

Impresso no Brasil — fevereiro de 2013

Sumário

Apresentação

O tema central deste livro é uma forma específica de participação sociopolítica: os conselhos gestores. Trata-se de canais de participação que articulam representantes da população e membros do poder público estatal em práticas que dizem respeito à gestão de bens públicos. Eles constituem, no início deste novo milênio, a principal novidade em termos de políticas públicas. Após as análises, conclui-se que eles são agentes de inovação e espaço de negociação dos conflitos. Entretanto, há uma longa história e um acirrado debate na trajetória dos conselhos envolvendo questões relacionadas com participação, formas de governo e representatividade, natureza da esfera pública, divisão de poder local, regional, nacional e global, além de temas mais abrangentes que configuram o cenário em que os conselhos se desenvolvem, como o próprio tema da democracia (direta, representativa, deliberativa, redistributiva etc.) e os condicionantes políticos e econômicos que influenciam as gestões públicas (dados pela globalização econômica e pela reestruturação do papel do Estado).

O conjunto dos capítulos deste livro objetiva fornecer ao leitor três contribuições básicas: primeiro, subsídios e fundamentação, teórica e histórica, na temática da gestão pública participativa via a análise dos principais conceitos envolvidos; segundo, recuperação da gênese dos conselhos enquanto políticas públicas via resgate de experiências históricas na sociedade civil e política; terceiro, elementos para avaliação dos impactos e possibilidades dos conselhos. Procurando não criar modelos normativos, as análises buscam apontar as lacunas e as necessidades nos atuais conselhos gestores no Brasil. Destacam-se suas possibilidades no sentido da ampliação do controle da sociedade sobre o Estado; alerta-se para a necessidade da democratização do acesso às informações; e registra-se a demanda pela igualdade de condições à participação para todos os membros dos conselhos.

Partimos de dois supostos: em primeiro lugar, só podemos compreender o teor das ações dos conselhos se as inserirmos no quadro de desenvolvimento histórico de algumas formas de participação da sociedade civil em passado recente; em segundo lugar, é necessário entender o lugar atribuído às novas formas de participação institucionalizadas nos marcos de novas formas de relações governo-sociedade civil, na atualidade. Na análise de hoje, o estudo busca avaliar o papel dos conselhos gestores dentro de um universo múltiplo e diferenciado de políticas sociais em que encontramos, além dos conselhos propriamente ditos, outras formas de participação, como o Programa do Orçamento Participativo, ou os fóruns e plenárias de participação popular. Esses últimos criados pelos movimentos sociais dos anos 1980 e, nos anos 1990, foram muito atuantes na sociedade civil desenvolvendo um tensionamento saudável e contínuo sobre as estruturas estatais, inclusive sobre alguns conselhos gestores.

A primeira parte do livro é de ordem teórico-conceptual. Focaliza-se a temática da participação da sociedade civil em espaços públicos, em assuntos relativos à gestão de bens públicos, em um quadro referencial teórico metodológico amplo. Recupera-se a genealogia de alguns conceitos como: participação, governo local, poder local, esfera pública e governança local. O Capítulo 1 trata o tema da participação propriamente dita, seus diferentes conceitos e significados e as teorias nas quais se inserem. O Capítulo 2 objetiva articular os conselhos gestores nos marcos referenciais de outros conceitos que os antecederam, assim como situá-los no debate sobre o tema da governabilidade. Analisa-se a necessidade de ampliação e de democratização da esfera pública, os novos modos de gestão criados pelo impacto das políticas globalizantes e suas denominações conceptuais: governança global, regional, nacional; governança local, urbana etc. Comparam-se as diferenças entre esses novos conceitos e outros tradicionais na ciência política como governo local e poder local.

O cenário da participação em práticas de gestão pública no Brasil, abordado no Capítulo 3, dá início à Segunda Parte do livro, relativa a análises de experiências históricas concretas. Ele faz um recorte bem delimitado: a participação no plano da gestão de bens públicos, em função da coletividade, quer reivindicada pelos movimentos e organizações sociais, quer exercida na prática por políticos e políticas oficiais, em discursos, programas e projetos concretos. Demarcando-se momentos distintos na história política brasileira, analisam-se as mudanças na forma de participação e no caráter do associativismo desses períodos. A possibilidade de elaboração de políticas de inclusão dos setores excluídos, social e economicamente, da realidade brasileira, em processos de deliberações e decisões dos destinos das políticas governamentais, recoloca o tema da participação na esfera pública, assim como repõe o tema da constituição de sujeitos para a construção de projetos democráticos. Temos como uma de nossas hipóteses que os conselhos são uma das formas de constituição de sujeitos democráticos.

A partir do Capítulo 4, o tema dos conselhos, que dá o título a este livro, é examinado com exclusividade. A análise enfoca três dimensões. A primeira, tratada no Capítulo 4, é de ordem histórico-conceptual. Faz-se o resgate de algumas formas históricas e de suas trajetórias: do surgimento de alguns tipos de conselhos às transformações e propostas que levaram à constituição dos atuais modelos que operam ou estão propostos na gestão pública, tais como os Conselhos Constitucionais de Direitos e os Conselhos de Representantes municipais. A segunda diz respeito ao papel dos conselhos gestores na atualidade. Analisam-se, no Capítulo 5, os conselhos gestores previstos em leis na gestão das políticas sociais urbanas e seus impactos segundo suas metas, problemas, obstáculos e desafios políticos. O Capítulo 6 aborda ainda aspectos dos conselhos na área da educação, nos municípios brasileiros. Concluímos com um balanço dos principais aspectos dos conselhos.

Este livro advém de pesquisas que têm contado com o apoio institucional do CNPq — Conselho Nacional de Desenvolvimento Científico e Tecnológico — ao qual muito agradeço. Um livro sempre é fruto de um esforço que conta com inúmeras contribuições, críticas e sugestões. Assim, destaco o Gemdec — Grupo de Estudos sobre Movimentos, Educação e Cidadania da Faculdade de Educação da Unicamp; o Núcleo sobre Movimentos Sociais da Faculdade de Serviço Social da Pontifícia Universidade Católica de São Paulo; o GT sobre Estudos Urbanos da Associação Nacional de Pesquisa e Pós-Graduação em Ciências Sociais — Anpocs; a Sociedade Brasileira de Sociologia; e os comitês de pesquisa sobre movimentos sociais e desenvolvimento urbano e regional da Associação Internacional de Sociologia e da CLACSO. Para finalizar, um agradecimento especial à Cortez Editora. Foi ela que publicou, em 1982, meu primeiro livro. Após quase vinte anos, tenho a satisfação de tê-la novamente como veículo de apoio para lançar ao público meu décimo livro de autoria individual.

PARTE I

Marcos referenciais teóricos

1

Participação:
paradigmas, teorias, definições, representações e significados

O tema da participação tem uma longa tradição de estudos e análises, particularmente na ciência política. Ele pode ser observado nas práticas cotidianas da sociedade civil, quer nos sindicatos, nos movimentos, quer em outras organizações sociais, assim como nos discursos e práticas das políticas estatais, com sentidos e significados completamente distintos. Muito se falou e se produziu a respeito do tema da participação nas últimas décadas, no Brasil e em outros países ocidentais; inúmeras foram as lutas para a conquista de espaços democráticos onde fosse possível exercer a participação de forma cidadã. Mas o entendimento do que seja participação continua sendo um enigma a decifrar. Por isso, resolvemos iniciar este estudo fazendo um balanço. O que é afinal *participação*? Como é entendida, quais os paradigmas que alicerçam seus diferentes significados, quais suas dimensões e campos de atuação?

Para nós, o tema da participação é uma lente que possibilita um olhar ampliado para a História. Nesse olhar, observamos que as questões envolvidas no universo da participação são muito mais antigas que a própria formulação do conceito. O entendimento dos processos de participação da sociedade civil e sua presença nas políticas públicas nos conduz ao entendimento do processo de democratização da sociedade brasileira; o resgate dos processos de participação leva-nos, portanto, às lutas da sociedade por acesso aos direitos sociais e à cidadania. Nesse sentido, a participação é, também, luta por melhores condições de vida e pelos benefícios da civilização.

Participação é uma das palavras mais utilizadas no vocabulário político, científico e popular da modernidade. Dependendo da época e da conjuntura histórica, ela aparece associada a outros termos, como democracia, representação, organização, conscientização, cidadania, solidariedade, exclusão etc. Vários foram os teóricos que fundamentaram o sentido atribuído à participação. Podemos analisá-la segundo três níveis básicos: o conceptual, o político e o da prática social. O primeiro apresenta um alto grau de ambiguidade e varia segundo o paradigma teórico em que se fundamenta. O segundo, dado pelo nível político, usualmente é associado a processos de democratização (em curso ou lutas para sua obtenção), mas também pode ser utilizado como um discurso mistificador em busca da mera integração social de indivíduos, isolados em processos que objetivam reiterar os mecanismos de regulação e normatização da sociedade, resultando em políticas sociais de controle social. O terceiro — as práticas — relaciona-se ao processo social propriamente dito; trata-se das ações concretas engendradas nas lutas, movimentos e organizações para realizar algum intento. Aqui a participação é um meio viabilizador fundamental.

Nesta introdução, objetivamos nos deter no primeiro nível, o conceptual, sistematizando algumas de suas definições e concepções. Elas serão agrupadas na seguinte ordem: o exame de alguns autores, clássicos e contemporâneos, na ciência política e na sociologia política, que atribuíram centralidade à participação; e a caracterização sumária dos principais paradigmas científicos construídos a seu respeito.

Os paradigmas analíticos sobre a participação

Existem diversas formas de se entender a participação. Algumas já são consideradas "clássicas" e deram origem a interpretações, significados e estratégias distintos, a saber: a liberal, a autoritária, a revolucionária e a democrática. Não se trata de interpretações monolíticas; elas geraram, historicamente, outras interpretações a partir de composições tais como: liberal/comunitária, liberal/corporativa; autoritária (de direita e da esquerda); revolucionária (gradual ou por ato de força); democrática/radical etc.

Na concepção liberal — dado os pressupostos básicos do liberalismo, que busca sempre a constituição de uma ordem social que assegure a liberdade individual —, a participação objetiva o fortalecimento da sociedade civil, não para que esta participe da vida do Estado, mas para fortalecê-la e evitar as ingerências do Estado — seu controle, tirania e interferência na vida dos indivíduos. A interpretação liberal objetiva sempre reformar a estrutura da democracia representativa e melhorar a qualidade da democracia nos marcos das relações capitalistas. Neste paradigma, as principais ações devem se dirigir para evitar os obstáculos burocráticos à participação, desestimular a intervenção governamental e ampliar os canais de informações aos cidadãos de forma que eles possam manifestar suas preferências antes que as decisões sejam tomadas. A participação liberal se baseia, portanto, em um princípio da democracia de que todos os membros da sociedade são iguais, e a participação seria o meio, o instrumento para a busca de satisfação dessas necessidades.

A participação corporativa é um derivativo da concepção liberal. Ela é também entendida como um movimento espontâneo dos indivíduos, mas advém de uma adesão do espírito (e não da razão movida por um interesse particular). Há um sentimento de identidade e concordância com uma certa ordem social que cria algo superior chamado "bem comum". Esse bem comum é o núcleo articulador dos indivíduos, portanto a razão do impulso para participar está fora dos indivíduos, além de seus interesses pessoais. Usualmente, a concepção corporativa busca articular o processo participativo à existência de organizações na sociedade. O suposto é que as organizações existem apenas quando as pessoas participam. Essas abordagens preocupam-se, fundamentalmente, em responder à seguinte questão: por que as pessoas participam e quais são suas motivações?

A participação comunitária também é um derivativo da concepção liberal. Ela concebe o fortalecimento da sociedade civil em termos de integração, dos órgãos representativos da sociedade aos órgãos deliberativos e administrativos do Estado. Por isso, a participação corporativa-comunitária se caracteriza como uma forma institucionalizada. Os grupos organizados devem participar no interior dos aparelhos de poder estatal de forma que as esferas do público e do privado possam se fundir. Ao tratar do tema dos conselhos, observaremos que várias propostas elaboradas, no passado, em especial nos anos 1980 no Brasil, em gestões do PMDB (Partido do Movimento Democrático Brasileiro), estruturaram-se segundo estes pressupostos. Consideramos os dois casos — a corporativa e a comunitária — como versões que se alimentam em uma mesma vertente: a do paradigma liberal. Ambas entendem a participação como um movimento espontâneo do indivíduo, em que não se colocam as questões das diferenças de classes, raças, etnias etc.

A forma autoritária é aquela orientada para a integração e o controle social da sociedade e da política. Ocorre em regimes políticos autoritários de massa de direita, como o fascismo, e de esquerda, como as grandes demonstrações de massa em celebrações e comemorações nos regimes socialistas. Poderá ocorrer ainda em regimes democráticos representativos como um derivativo, que é a participação de natureza cooptativa. Nesse caso, a arena participativa são as políticas públicas, quando se estimula, de cima para baixo, a promoção de programas que visam apenas diluir os conflitos sociais.

Existem, entretanto, outras formas de se conceber a participação denominadas democráticas, revolucionárias e democráticas radicais (que representa a fusão das duas formas anteriores). A soberania popular é o princípio regulador da forma democrática: a participação é concebida como um fenômeno que se desenvolve tanto na sociedade civil — em especial entre os movimentos sociais e as organizações autônomas da sociedade; quanto no plano institucional — nas instituições formais políticas. Essa concepção opõe-se ao corporativismo e demarca posições entre a sociedade civil e o sistema político. O sistema representativo, via processo eleitoral, é o critério supremo de organização dos indivíduos nas formas de representação institucionalizadas. Alguns vícios existentes na concepção liberal, que explicam a constituição de redes clientelísticas movidas pelo poderio econômico ou de prestígio político, não ficam ausentes na concepção de participação democrática, porque o princípio básico é o da delegação de um poder de representação, não importando a forma como foi constituída essa representação. Defende-se o ideal liberal da competição no interior da sociedade civil e afirma-se que, no interior do Estado, as hierarquias devem ser respeitadas. Na segunda parte deste livro, observaremos que algumas propostas de conselhos de cidadãos do passado, atuando em conjunto como os aparelhos estatais, inspiram-se nessa forma, à medida que demarcam com muita precisão as competências (consultivos, deliberativos etc.) e os limites da participação popular.

Nas formas revolucionárias, a participação estrutura-se em coletivos organizados para lutar contra as relações de dominação e pela divisão do poder político. Dependendo da conjuntura política, poderá se realizar nos marcos do ordenamento jurídico em vigor, ou se desenvolver por canais paralelos; ou ainda um misto das anteriores — utilizam-se os canais existentes para reconstruí-los, sendo que a luta tem diferentes arenas: no sistema político (especialmente no parlamento) e nos aparelhos burocráticos do Estado. O sistema partidário é um ator fundamental nessa concepção, pois tem como missão formar quadros para uma participação qualificada nos espaços citados. Usualmente, a interpretação radical sobre a participação engloba teóricos e ativistas que questionam e buscam substituir a democracia representativa por outro sistema, em muitos casos pela denominada "democracia participativa". Eles advogam o "controle do poder nas mãos da comunidade, o qual implica uma redistribuição total do poder" (Cori, 1990, p. 38). Muitos teóricos do paradigma radical propõem a criação de contrainstituições e estruturas paralelas, como forma de criar formas de experimentação social, questionar o poder dominante e deslegitimá-lo.

A concepção democrático-radical sobre a participação objetiva fortalecer a sociedade civil para a construção de caminhos que apontem para uma nova realidade social, sem injustiças, exclusões, desigualdades, discriminações etc. O pluralismo é a marca dessa concepção. Os partidos políticos não são mais importantes que os movimentos sociais, e os agentes de organização da participação social são múltiplos. Uma gama variada de experiências associativas são consideradas também relevantes no processo participativo, tais como grupos de jovens, de idosos, de moradores de bairros etc. Os entes principais que compõem os processos participativos são vistos como "sujeitos sociais". Não se trata, portanto, de indivíduos isolados nem de indivíduos membros de uma dada classe social. A participação tem caráter plural. Nos processos que envolvem a participação popular, os indivíduos são considerados "cidadãos". A participação articula-se, nessa concepção, com o tema da cidadania. Participar é visto como criar uma cultura de dividir as responsabilidades na construção coletiva de um processo (ver Pontual, Hamilton et al., 1998), é dividir responsabilidades com a comunidade. Essa última é vista como parceira, como corresponsável permanente, não apenas um ator coadjuvante em programas esporádicos. A participação envolve também lutas pela divisão das responsabilidades dentro do governo. Essas lutas possuem várias frentes, tais como a constituição de uma linguagem democrática não excludente nos espaços participativos criados ou existentes, o acesso dos cidadãos a todo tipo de informação que lhe diga respeito e o estímulo à criação e ao desenvolvimento de meios democráticos de comunicações. No Brasil, na última década, várias experiências se constituíram sob a inspiração dessa forma de participação, a exemplo dos programas e fórum do Orçamento Participativo, assim como diferentes fóruns de participação popular (da Reforma Urbana, do Meio Ambiente etc.).

Alguns autores se recusam a trabalhar com as definições polarizadoras, com antinomias liberal/radical ou integração/conflito e preferem utilizar tipologias que tratam de graus de participação. Assim, Pateman (1992) define três tipos de situação de participação: a pseudoparticipação (quando há somente consulta a um assunto por parte das autoridades); a participação parcial (muitos tomam parte no processo, mas só uma parte decide de fato); e a participação total, situação em que cada grupo de indivíduos tem igual influência na decisão final. Arnstein (1969) propõe um esquema similar ao de Pateman, mas seus *graus de participação* são distintos. Ele começa pelo nível mais baixo e o denomina *manipulação* (quase sinônimo de não participação); segue com três outros graus que ele denomina graus práticos, a saber: a terapia, a informação e a consulta. Os últimos graus referem-se a um poder comunitário e se desdobram em quatro tipos: conciliação, associação, poder delegado e controle comunitário propriamente dito.

Fajardo (1981) propôs uma classificação dos enfoques da participação de dois grandes modos: o instrumental e o desenvolvimentista. Castells, em 1975, estudou a temática da participação em relação ao estado e ao regime político vigente. Para a América Latina, distinguiu quatro tipos de situação sociopolítica, e seus estudos foram importantes, naquela época, para fundamentar várias análises sobre as novas formas de participação popular que estavam ocorrendo na América Latina.

Teorias sociopolíticas sobre a participação

No universo da política, a participação dos indivíduos na sociedade civil ou política, tornou-se parte do vocabulário e da agenda das nações ocidentais, a partir dos anos 1960. Carole Pateman relembra que "na França, 'participação' foi uma das últimas palavras de ordem utilizadas por de Gaulle em campanhas políticas; na Grã-Bretanha, vimos a ideia receber a bênção oficial no Relatório Skeffingtonn sobre planejamento; e nos Estados Unidos o programa antipobreza incluía fundos para o 'máximo possível de participação dos afetados por ela'" (Pateman, 1992, p. 9). Pateman preocupa-se com o lugar da "participação" em uma teoria da democracia moderna e constata que, embora a ideia de participação tenha se tornado tão popular na sociedade (e entre os estudantes), o conceito de participação perdeu importância junto aos teóricos contemporâneos da política e da sociologia política, em relação ao papel que lhe foi atribuído pelos clássicos dessas mesmas disciplinas. Seu argumento baseia-se na afirmação dos contemporâneos de que um aumento da participação poderia abalar a estabilidade do sistema democrático.

Em termos cronológicos, a rigor temos de localizar na Grécia as origens do tema da participação direta, ideal. Mas o estudo científico sobre a participação remonta ao século XVIII, com as formulações de J. J. Rousseau; de teóricos do liberalismo como John Stuart Mill, G. D. H. Cole e A. de Toqueville, seguidas no século XIX pelos socialistas utópicos (em especial Owen e Fourrier), os socialistas libertários (principalmente Proudhon e Kroptkin). Marx e Engels deram origem a uma tradição analítica que gerou um paradigma. No século XX, o leque de autores que seguiram esta última corrente amplia-se enormemente, mas temos que, necessariamente, destacar Trotsky, Lenin e Rosa de Luxemburgo, ao teorizarem sobre a participação das massas; Gramsci, ao analisar os conselhos de fábrica da Itália; e Mao Tse-tung, ao empreender a grande marcha. Após 1950, Gorz, Mandel, Poulantzas e outros dão continuidade àquele paradigma. Outros teóricos contemporâneos que seguiram outros eixos paradigmáticos, mas que também destacaram o tema da participação foram: Verba, Pizzorno, Hirchman, Darendorf etc. Vejamos, brevemente, o que disseram clássicos como J. J. Rousseau, John Stuart Mill, G. D. H. Cole e A. Tocqueville.

Para muitos, Rousseau pode ser considerado como o teórico por excelência da participação. Sua teoria política considera a participação individual direta de cada cidadão no processo de tomada de decisões de uma comunidade e a vê como um modo de, simultaneamente, proteger os interesses privados e assegurar um bom governo. Segundo sua doutrina sobre a *Vontade geral*, uma pessoa só pode ser verdadeiramente um cidadão quando quer o bem geral, não o seu bem particular. Seu olhar tem dupla direção: sobre os efeitos da participação no sistema social e sobre os indivíduos em si, tornando-se psicologicamente mais "abertos". Aliás, essa segunda dimensão é, para ele, a mais importante, porque a principal função da participação deve ser o caráter educativo que exerce sobre as pessoas. Isso porque "a participação pode aumentar o valor da liberdade para o indivíduo, capacitando-o a ser (e permanecer) seu próprio senhor" (Pateman, 1992, p. 40). Outras funções da participação seriam: ela permite que as decisões coletivas sejam aceitas mais facilmente pelos indivíduos e favorece a integração do cidadão na sua comunidade. Para Rousseau, "a lei emerge do processo participativo e é essa lei, não os homens que governa as ações individuais" (Lesbaupin, 2000, p. 81).

J. S. Mill se preocupa com o desenvolvimento mental de uma comunidade e vê a possibilidade deste desenvolvimento se expressar em ações que denotem um espírito público, com caráter ativo dos indivíduos, no contexto de instituições populares participativas. "Mill encara a função educativa da participação quase nos mesmos termos de Rousseau. Quando o indivíduo se ocupa somente de seus assuntos privados, argumenta, e não participa das questões públicas, sua 'autoestima' é afetada, assim como permanecem sem desenvolvimento suas capacidades para uma ação pública responsável" (Pateman, 1992, p. 42). O melhor local para a aprendizagem da participação é, para Mill, o nível local. É nesse nível que o indivíduo aprende a se autogovernar e aprende sobre a democracia. Mas a tese rousseniana, da necessária igualdade política, não é abraçada por Mill. Seu sistema é elitista, e as leis, por exemplo, deveriam ser preparadas por uma comissão especial. O papel dos representantes eleitos deveria ser o de debater, não de legislador propriamente dito. Resulta que a teoria de Mill destaca, em última instância, a função integrativa da participação.

A teoria de Cole sobre a participação assenta-se também sobre pressupostos de Rousseau, ou seja, a vontade, e não a força, é a base da organização social e política. Ele preconiza a necessidade de os homens atuarem por meio de associações para satisfazer suas necessidades. Cole sustentava que seria apenas "pela participação em nível local, em associações locais, que o indivíduo poderia aprender a democracia" (Cole, apud Pateman, 1992, p. 55). Ele propôs, já na sua época, a criação de uma série de instrumentos de participação em âmbito local, tais como cooperativas de consumidores, conselhos de utilidades (para o abastecimento de gás, por exemplo), guildas cívicas para cuidar de educação, saúde etc. Cole formulou ainda a proposta de uma estrutura política para desenvolver os processos participativos, que ia da comuna local à comuna nacional, passando pelo nível regional. É bom recordar também que as associações foram incluídas entre os direitos fundamentais da pessoa humana. Nos tempos modernos, quem primeiro se utilizou desse direito foi a incipiente burguesia do século XIII. As camadas subordinadas tiveram que lutar para adquirir a extensão desse direito. Em 1791, a Lei Chapelier, na França, proibiu as associações, por temer a força dos grupos subordinados que participavam de sua organização.

Somente no século XIX, este direito foi obtido e incorporado em várias Constituições no mundo.

Alexis de Tocqueville, em sua obra *A democracia na América*, exaltou a comuna como a grande força dos homens livres, onde "o povo é a força dos poderes sociais" (1998, p. 72). Entretanto, mesmo se referindo a um sistema que existiu nos Estados Unidos no século XIX, o que se observa é um intrincado sistema de participação representativo, que ia da comuna ao poder central, passando pelos condados. Acreditando na democracia como uma maneira de ser da sociedade, e poder do "império da lei", a soberania do povo é vista como uma forma de governo, e o estado social democrático como inevitável. Para evitar a centralização, o despotismo, e o individualismo, Tocqueville recomenda um esforço na "formação dos próprios cidadãos como portadores de um caráter livre [...], uma nova ciência política que inclua em suas tarefas 'educar' a democracia mediante a formação de homens independentes e capazes, no pleno sentido do termo, de autogoverno" (apud Cohn, 2000, p. 256, 258 e 259).

Na abordagem marxista, o conceito de participação não é encontrado de forma isolada, mas sim articulado a duas outras categorias de análise: lutas e movimentos sociais. A análise dos movimentos sociais, sob o prisma do marxismo, refere-se a processos de lutas sociais voltadas para a transformação das condições existentes na realidade social, de carências econômicas e/ou opressão sociopolítica e cultural. Não se trata do estudo das revoluções em si, também tratado por Marx e alguns marxistas, mas do processo de luta histórica das classes e camadas sociais em situação de subordinação. As revoluções são pontos desse processo, quando há ruptura da "ordem" dominante, quebra da hegemonia do poder das elites e confrontação das forças sociopolíticas em luta, ofensivas ou defensivas. Manuel Castells, Jean Lojkine, Claus Offe, Laclau e a corrente dos historiadores liderada por Hobsbawm, E. P. Thompson, G. Rudé e outros constituíram a corrente contemporânea de estudo sobre a participação em movimentos sociais na Europa. A abordagem dos fatores políticos tem centralidade, e a política passou a ser enfocada do ponto de vista de uma cultura política resultante das inovações democráticas relacionadas com as experiências nos movimentos sociais.

Na área da ciência política, cumpre registrar os estudos de Pizzorno sobre a participação política. Para ele, "a participação política é uma ação em solidariedade para com o outro, no âmbito de um estado ou de uma classe, em vista a conservar ou modificar a estrutura do sistema de interesses dominante" (Pizzorno, 1971, p. 21). Usualmente se considera a participação política como um processo relacionado ao número e à intensidade de indivíduos envolvidos nas tomadas de decisão. Isso porque, desde o tempo dos antigos gregos, a participação consistiu idealmente no encontro de cidadãos livres debatendo publicamente e votando sobre decisões de governo. Ela se articula com a questão da democracia em suas formas direta e indireta (representativa). Para Dalmo Dalari, "entre as mais eficientes formas de participação política estão os trabalhos de conscientização e de organização". Este autor distingue também a participação política formal e a real. A primeira limita-se aos aspectos secundários do processo político. A segunda, real, é aquela que influi nas decisões políticas fundamentais (Dalari, 1984, p. 51 e 91).

O *Dicionário de política* organizado por Bobbio, Matteucci e Pasquino reconhece que uma gama variada de atividades, que vão do voto a reuniões de apoio a candidatos políticos, são designadas como "participação política". Entretanto, alerta-se que o substantivo e o adjetivo que compõem a expressão participação política se prestam a interpretações diversas. Nesse alerta encontramos um certo entendimento sobre o que é participação quando se afirma: "o termo participação se acomoda também a diferentes interpretações, já que se pode participar, ou tomar parte nalguma coisa, de modo bem diferente, desde a condição de simples espectador mais ou menos marginal à de protagonista de destaque" (Bobbio et al., 1986, p. 888). Disso resulta que podemos ter três formas de participação política: a presencial — forma menos intensa e marginal, com comportamentos receptivos ou passivos; a ativação — na qual um indivíduo desenvolve uma série de atividades a ele delegadas de forma permanente; participação (propriamente dita) — termo reservado para situações em que o indivíduo contribui direta ou indiretamente para uma decisão política.

Em termos de manifestações concretas, o tipo de participação política mais citado, e valorizado nas democracias, é o voto. Segue-se a participação nas atividades político-partidárias. Entretanto, teóricos como Giacomo Sani, reconhecem que "têm adquirido certo relevo formas novas e menos pacíficas de participação, nomeadamente as manifestações de protesto, marchas, ocupação de edifícios etc. Segundo alguns observadores, encontraríamo-nos, aqui, em face de uma revitalização da participação política que, abandonados os velhos esquemas, se articularia agora em outros canais" (Sani, apud Bobbio, Matteucci e Pasquino, 1986, p. 888).

Na área das ciências sociais, o tema da participação é encontrado como noção, categoria ou conceito desde os primórdios de seu desenvolvimento. Isso porque se trata de uma formulação clássica na teoria da ação social, tanto na versão weberiana como na parsoniana. Essas vertentes tiveram grande importância entre os pesquisadores latino-americanos até os anos 1960. Sua presença foi mais forte no período da teoria da modernização. Nos anos 1970, dado os regimes político militares vigentes em grande número de países latinos, a participação voltou a ser utilizada no sentido da participação da sociedade civil. Segundo o *Dicionário do pensamento social do século XX*, organizado por W. Outhwaite e T. Bottomore, participação "é um conceito ambíguo nas ciências sociais, pode ter um significado forte ou fraco [...] o princípio da participação é tão antigo quanto a própria democracia, mas se tornou imensamente mais difícil em consequência da escala de abrangência do governo moderno, bem como pela necessidade de decisões precisas e rápidas — como omissão é motivo de protesto por parte dos que exigem maior participação" (1993, p. 558).

Na Sociologia, a palavra participação ganhou, nas últimas décadas, o estatuto de uma medida de cidadania e está associada a uma outra categoria, a da exclusão social. "Algumas vezes, 'participação' é olhada como um componente da definição de integração. Se alguém é apto a participar, ele está integrado. O contrário, para não participantes é sugerido o signo da exclusão. Em outros casos, 'participação' é considerada como um fator de integração. Aprendendo a participar, um indivíduo pode ser integrado. Nesta segunda abordagem, participação toma o significado de luta contra a exclusão" (Stassen, 1999). Segundo este autor, resulta que temos duas posições: participação como um componente de definição — em que os termos são participação e não participação; e participação como fator de integração — em que se destacam os termos integração/exclusão. A exclusão é definida como não participação, e participação torna-se fator de não exclusão. Stassen conclui que não concorda com essas abordagens e procura demonstrar a tese de que há participação quando há um sentimento de que os indivíduos têm valor e são necessários para alguém, quando percebem sua própria contribuição, e que têm um lugar na sociedade, que são úteis, que são valorizados por alguém. Para tal, os indivíduos necessitam de um meio ambiente consistente do ponto de vista de relacionamento, contatos e laços sociais. Para participar, os indivíduos têm que desenvolver a autoestima, mudar sua própria imagem e as representações sobre a sua vida. Ter apenas um emprego não resolve o problema da participação, porque os indivíduos devem ter também motivações. Precisam estar articulados a redes societárias, desenvolver interações frequentes e contínuas com seus pares.

Resumindo: para Stassen, os mecanismos informais de integração social nas redes societárias que criam identidades são mais importantes do que as políticas sociais de empregos precários e assistencialistas; a dimensão sociorrelacional é fundamental para motivar a participação e combater a exclusão dos excluídos — definidos nas estatísticas como aqueles que, com determinadas rendas mínimas, ou sem rendas, não se tornam incluídos ou mais participativos via a mera integração em uma nova frente de trabalho. As medidas preconizadas por vários analistas, inclusive nos projetos governamentais, usualmente estão baseadas em concepções técnicas, que dependem do crescimento/comportamento da economia, redução do custo da força de trabalho, aumento da flexibilização dos empregos e da organização do trabalho, treinamentos, pesquisas, financiamento de serviços etc. Trata-se de medidas de caráter institucional centradas no campo da inserção profissional, no mercado da produção.

Cumpre destacar ainda, apenas como registro, uma outra área do conhecimento em que a categoria da participação é uma ideia (força). Trata-se da educação, especialmente as pedagogias desenvolvidas após os anos 1960 por Paulo Freire, Samuel Alinsky e outros. "Participação na criação do conhecimento, de um novo conhecimento, participação na determinação das necessidades essenciais da comunidade, participação na busca de soluções e, sobretudo, na transformação da realidade. Participação de todos aqueles que tomam parte no processo de educação e de desenvolvimento" (Faundes, 1993, p. 32).

2

Teorias a respeito de governo local, poder local, esfera pública e governança local

O objetivo deste capítulo é estabelecer algumas diferenciações no universo de conceitos que tratam da gestão de bens públicos. Objetivamos recuperar a origem da própria formulação "conselho gestor" por meio da trajetória de alguns conceitos da ciência política. Esta tarefa se faz necessária tanto para o entendimento do cenário mais amplo em que esses conselhos se inserem, como para delinear a moldura paradigmática que os configuram e as matrizes teóricas que os alimentam. Esses conceitos são: governo local, poder local, esfera pública e governança local, tratados aqui de forma sumária, tendo em vista que recorremos a eles tão somente a fim de ter subsídios para nosso objeto central de análise.

Os estudos sobre *governo local* tem uma longa tradição, iniciada por Tocqueville, Thomas Jefferson e Stuart Mill. Celina Souza e Márcia Blumm (1999), ao realizar uma revisão sobre o tema da autonomia política local, sistematizaram as teorias sobre o governo local em duas categorias: as normativas e as empíricas. As normativas desenvolveram-se principalmente na Grã-Bretanha, onde percorreram três fases: a dos primeiros defensores — que seguiam a tradição de Stuart Mill — estimulavam a participação política em oposição ao governo centralizado e argumentavam que as instituições locais realizariam a distribuição mais eficiente dos recursos; a dos reformadores do pós-guerra — que defendiam um governo local autônomo, como uma instância de governo virtuosa, em especial para a expansão de um Estado de Bem-Estar Social; e a dos localistas, que retomavam a questão da eficiência porque o governo local tem melhores condições para alocar recursos de acordo com as necessidades locais, por estar mais próximo da comunidade, e tem maior capacidade para responder às demandas locais. Nas três abordagens mencionadas, trabalha-se com o dilema de aumentar os níveis de participação democrática dos cidadãos e, ao mesmo tempo, aumentar a eficiência da máquina burocrática estatal.

Para ser melhor compreendida, a análise das teorias sobre governo local deve ser inserida no interior do debate sobre a teoria democrática. Como se sabe, no pós-guerra, Joseph Schumpeter foi um dos pioneiros na reformulação dessa teoria ao questionar e redefinir o conceito clássico de soberania popular. Segundo Avritzer (2000), Shumpeter adota mudanças na forma de exercício da democracia, de modo a compatibilizar a complexidade da administração estatal moderna e a emergência da sociedade de massas, com suas formas de mobilização paralelas às instituições estatais, essas últimas vistas como as responsáveis pela formação/expressão de uma vontade geral. Schumpeter retira da concepção clássica de soberania "a ideia da busca de um bem comum substantivo, transformando, portanto, a soberania em um método de escolha de governantes" (Avritzer, 2000, p. 25). Ao fazer isso, Shumpeter cria a possibilidade de integrar, no interior da teoria democrática, duas teorias até então adversas: a teoria das elites e a teoria da sociedade de massas. Resulta que foi criada uma nova versão à teoria democrática: a do elitismo democrático — só as elites políticas (no sentido concebido por Pareto) teriam condições de participar do governo, como propositoras de políticas, porque só elas teriam condições de exercer a racionalidade. Argumenta-se que, na moderna sociedade de massas, a irracionalidade lhe é inerente; os indivíduos são vistos como meros consumidores; não conseguem formar sua vontade independente da publicidade e da persuasão. Avritzer conclui que o elitismo substitui, nessa teoria, a ideia do consenso (Avritzer, 2000, p. 28-29).

Resumidamente, pode-se dizer que as teorias tradicionais sobre o governo local assumem como enfoque prioritário a análise da *governabilidade* das unidades administrativas territoriais de um dado Estado nacional, destacando a capacidade das elites dirigentes de perseguir, atingir ou combinar objetivos econômicos, sociais, políticos e administrativos. O tema da participação, propriamente dito, não existe ou tem papel coadjuvante de auxiliar uma boa gestão. O olhar é focalizado no poder político, nos dirigentes — governantes de plantão. A sociedade entra no cenário como consumidora, cliente ou contribuinte/beneficiária. Acesso a recursos, bens e serviços parecem ser as metas últimas dos indivíduos e grupos sociais, em uma sociedade em que todos são vistos de forma indiferenciada, do ponto de vista de suas condições socioeconômicas. O processo de mudança e transformação social, e a própria democratização do poder, assim como a ampliação das esferas de decisões do governo e da sociedade, não se colocam nessas abordagens. A principal tarefa dos governos locais seria a de dar condições para que os serviços coletivos locais se viabilizassem no mercado, num plano de competição. O tema da autonomia é tratado segundo o binômio governo local *versus* governo central, e quando se referem exclusivamente ao plano do governo local, o enfoque é sobre a autonomia dos agentes locais privados *versus* a dos agentes estatais, governamentais.

O *Dicionário de política*, de Bobbio, Matteucci e Pasquino, publicado originalmente na Itália em 1983, contém o conceito de *governabilidade*. Na época, ele já introduzia a discussão sobre a crise de governabilidade e as possíveis causas/origens e hipóteses sobre a não governabilidade. A famosa crise fiscal do Estado já estava presente nas explicações, assim como outros componentes que, posteriormente, passaram a ser atribuídos à globalização e às políticas neoliberais como responsáveis pela crise de governabilidade. Destacam-se no dicionário as explicações de ordem política, entre as quais a crescente organização dos cidadãos e de grupos políticos e a incapacidade do Estado para responder às demandas e manter, ao mesmo tempo, sua legitimidade. Ou seja, houve um rápido alargamento da participação política e social e um lento processo de consolidação das instituições políticas para responder às demandas daquela participação. Entretanto, uma importante explicação de ordem estrutural e econômica é também lembrada, a de que houve transformações entre os Estados, e "um cartel de países do Terceiro Mundo tornou cada vez mais difícil a aquisição, a baixo preço, de matérias-primas e de fontes energéticas, introduzindo um fator de forte desequilíbrio na acumulação e distribuição de recursos por parte dos sistemas políticos ocidentais". (Pasquino, 1987, p. 544-55). Resumindo, a crise adveio como resposta: ao crescimento da organização da sociedade civil — sob diversas formas e canais, inclusive via movimentos sociais; à incapacidade de o Estado continuar a se legitimar no mesmo grau de antes em face dessa população organizada; e aos detentores/controladores do sistema econômico (que passaram a ter, na nova conjuntura, dificuldades para obter os mesmos lucros). Isso tudo levou à reorganização do mercado de acumulação e de distribuição de recursos em escala global.

Para Fiori (1995), a governabilidade constitui uma categoria "estratégica", criada pelos intelectuais, de conteúdo normativo, associada à agenda político-econômica liberal conservadora. Isso porque ela acaba preconizando um receituário, que objetiva diminuir a dinâmica do processo democrático para conter os "excessos" nas demandas sociais. Segundo Melo (1995), o âmbito da governabilidade se circunscreve ao exercício da autoridade política. Esse autor critica a obra de Samuel Huntington — um clássico no diagnóstico conservador sobre a governabilidade.

Em relação ao conceito de *poder local*, desde logo é bom assinalar que ele é mais abrangente que o de governo local. No Brasil, vários estudos destacaram como ele penetra no interior do governo local e interfere nas políticas públicas locais (Daniel, 1994), incluindo o poder econômico, político e social das famílias, assim como o poder carismático de líderes locais e regionais. Antes, a base territorial do poder local era uma dada região, que usualmente ultrapassava um município, embora com a presença mais efetiva em uma dada localidade e hegemonia política em uma dada base territorial, a exemplo do estudo clássico de Vitor Nunes Leal (1978) ao abordar o poder dos coronéis sobre a esfera local.

Nos anos 1990, o poder local passa a ser visto, de um lado, como sede político-administrativa do governo municipal, mais especificamente de suas sedes urbanas — as cidades (vide Barbosa, 2000, p. 56), e de outro, pelas novas formas de participação e organização popular, como dinamizador das mudanças sociais. Como isso foi possível? Justamente porque a categoria ampliou-se, abarcando outras dimensões além da geográfico-espacial, tais como a questão do comunitário e do associativismo. O poder local passou a ser visto como espaço de gestão político-administrativa e não como simples sede das elites (econômicas, sociais e políticas). Mudanças na conjuntura política e no cenário econômico explicam tais alterações. O poder local foi redefinido como sinônimo de força social organizada como forma de participação da população, na direção do que tem sido denominado *empowerment* ou empoderamento da comunidade, isto é, a capacidade de gerar processos de desenvolvimento autossustentável com a mediação de agentes externos — novos educadores, principalmente de ONGs do Terceiro Setor. O novo processo ocorre, predominantemente, nas novas redes societárias, sem articulações políticas mais amplas com partidos políticos ou sindicatos.

A dimensão da cultura contribuiu para a redefinição do poder local. O resgate de valores, tradições, *habitus*, costumes, folclore, mitos, crenças e lendas, envolvendo aspectos da antropologia, da história e da sociedade local, levou à redefinição da cultura, antes tida como de domínio das elites e dos acervos em museus, para uma concepção em que há lugar para o cidadão comum como ator histórico, consumidor e produtor de bens culturais. Com isso, ampliaram-se os espaços para desenvolvimento de novas formas de cultura política e projetaram-se localidades e novos agentes, pois são os atores sociais e políticos que dão reconhecimento e legitimação ao local.

A construção de outros atributos e significados ao poder local, ao final do século XX, possibilitou trazer para o centro do debate outro conceito, muito caro à teoria democrática: o de *esfera pública*. Avritzer (2000), apoiando-se em J. Habermas, Jean Cohen e Andrew Arato etc., afirma que este conceito foi a renovação mais importante na teoria democrática no século XX. Trata-se de uma esfera que comporta a interação entre os grupos organizados da sociedade, originários das mais diversas entidades, organizações, associações, movimentos sociais etc. A natureza dessa esfera é essencialmente política argumentativa. É um espaço para o debate, face a face, dos problemas coletivos da sociedade, diferenciado do debate no espaço estatal propriamente dito.

A emergência ou o alargamento de uma esfera pública na contemporaneidade possibilitou, segundo Habermas, a dessacralização da política ao incorporar ao debate público a discussão de temas até então tratados na esfera privada, como o tema da mulher, do cotidiano doméstico etc. Destaque-se ainda que, na década de 1990, os processos de globalização econômica e as reformas políticas neoliberais desmantelaram boa parte da capacidade de o Estado controlar, via políticas públicas reguladoras, problemas ambientais, assim como problemas socioeconômicos, como desemprego, pobreza etc. Esse fato abriu espaço para que organizações da sociedade civil, ONGs, movimentos sociais e ambientalistas ganhassem novos espaços de poder como estruturas instituintes não formais, no lugar de um instituído ausente, o Estado. Em síntese: a ampliação da esfera pública, por parte de setores organizados da sociedade civil em luta pela construção de suas identidades, e os efeitos das reformas que configuraram novo papel para o Estado na sua relação com a sociedade criaram os elementos para a constituição de um novo conceito na ciência política: o de *governança*. Ele será a matriz, o conceito "mãe" de outros que lhe seguiram, tais como: governança política, governança global, regional e governança local, este último com algumas diferenciações, como veremos adiante.

O conceito de *governança* surgiu associado ao de *governança global*, em um projeto que objetivava ter alcance global, criado em fóruns internacionais tais como o da Comissão Mundial sobre Governança Global, ocorrido em 1993. Na realidade, a governança foi criada para dar conta dos novos processos que as políticas de globalização impuseram, enfraquecendo o conceito, então vigente, de governabilidade. Diante da não governabilidade, ou "ingovernabilidade", criada pela globalização e pelas novas políticas neoliberais, "almejou-se estabelecer formas de cooperação global institucionalizadas entre Estados, agentes econômicos privados, organizações internacionais e organizações não governamentais. [...] O novo conceito passou também a ser a moldura dentro da qual direitos substanciais — de indivíduos (direitos humanos) e de povos (direitos dos povos) podem ser defendidos e preservados" (Altvater, 1999, p. 114-5). O mesmo autor destaca ainda que, quando algum país recorre à ajuda econômica da comunidade internacional, precisa passar pelo "teste da democracia", ou seja, tem que apresentar índices razoáveis de respeito aos direitos humanos, padrões ecológicos mínimos e transparência democrática, ingredientes de uma "boa governança". Ele foi criado e desenvolvido em reuniões de cúpulas em um novo *frame* em que o papel central do Estado Nacional mudou. "Em vez de encorajar (o) desenvolvimento e prover serviços públicos, agora eles vigiam a dívida externa e implementam os ajustes estruturais inspirados no FMI" (Volk apud Altvater, 1999, p. 122).

Observa-se, também, que o conceito de governança se insere nos marcos referenciais de um novo paradigma da ação pública estatal, em que o foco central das ações não se restringem aos órgãos e aparatos estatais, mas incorpora também, via interações múltiplas, a relação governo e sociedade. Segundo Hamel (1999) "a noção de governança sugere que a capacidade de governar não está unicamente ligada ao aparato institucional formal, mas supõe a construção de coalizões entre atores sociais, construídas em função de diversos fatores, tais como a interação entre as diversas categorias de atores, as orientações ideológicas e os recursos disponíveis" (Hamel, 1999, apud Santos Júnior, 2001, p. 61).

O conceito de governança alterou o padrão e o modo de pensar a gestão de bens públicos, antes restrita aos atores presentes na esfera pública estatal. A esfera pública não estatal é incorporada via novos atores, que entraram em cena nas décadas de 1970/1980, pressionando para obter equipamentos coletivos públicos, melhores condições materiais e ambientais de vida, direitos sociais, cidadania, identidade de raça, etnia, gênero, geracional etc. Elmar Altvater afirma que esses novos atores "cada vez mais se tornaram parte de novas estruturas de *governança política* em nível regional e nacional, e mesmo em nível global. As estruturas de governança emergentes estão substituindo funções tradicionais do Estado, pelo menos nas áreas de política ambiental e social" (1999, p. 147). Embora esse autor entenda que esse tipo de governança é limitado — por não se estender a questões áridas, como a das condições em que o Banco Mundial concede empréstimos, das regras da Organização Mundial do Comércio, ou das decisões tomadas nas reuniões do G-7, e pelo poder das ONGs ser também limitado face às companhias privadas, destacamos que tem sido desses setores — ONGs, movimentos sociais e ambientalistas etc. — que têm surgido as primeiras contestações/demonstrações de mobilização públicas contra as políticas neoliberais e, principalmente, contra o capital financeiro — o grande ator que até então só havia enfrentado críticas dos intelectuais de esquerda, passando incólume pela avalanche de manifestações e mobilizações sociais que caracterizaram o século XX. No meu entendimento, este século, além de "breve", conforme Hobsbawm (1995), foi também o *século das mobilizações*, de massas e de minorias organizadas, populares e de outras categorias sociais.

Não podemos deixar de registrar, ainda, que a incorporação dos novos atores tem ocorrido em cenários de tensão e conflito. Por um lado, os espaços construídos pelo público não estatal são conquistas de setores organizados; por outro, são também parte de estratégias de recomposição de poder de grupos políticos e econômicos em luta pela hegemonia do poder. Enquanto os primeiros buscam democratizar os espaços conquistados, por meio de lutas pelo acesso às informações e por igualdade nas condições de participação, priorizando sempre na cidadania a questão dos direitos, os últimos lutam por atribuir aos novos atores um perfil de cidadãos/consumidores, destacando apenas suas obrigações, ressignificando a cidadania pelo lado dos deveres. Essa tensão é mais perceptível em âmbito local, onde os atores sociais se relacionam mais diretamente e onde reconfigurar as formas e culturas políticas tradicionais, carregadas de estruturas clientelísticas e patrimonialistas, é uma tarefa bem mais difícil.

Este cenário produziu os elementos básicos para o terceiro conceito que destacamos no início deste tópico: o de *governança local*, fundamental para o entendimento do objeto central de análise deste trabalho: os conselhos gestores. Enquanto o conceito "mãe" de governança tem grandes vínculos com os grandes grupos que decidem os rumos da política e da economia global, o conceito de governança local não é uma simples transposição daqueles atributos. É bom destacar novamente que os níveis pensados inicialmente para o conceito de governança foram o global, o nacional e o regional. Está implícita na ideia de uma boa governança a dimensão da eficiência e da eficácia em administrar os impactos das políticas de ajuste estrutural para minorar seus efeitos em termos de aumento da pobreza. O grande desafio é articular o maior nível de participação com os critérios da eficácia e da busca de resultados imediatos no plano local. Entretanto, as transformações políticas operadas na sociedade civil, nas décadas de 1970/1980 decorrentes dos ciclos de mobilização, fortaleceram o polo local, pois elas expressavam forças sociais territorialmente localizadas. As marcas dos movimentos sociais, populares ou não, e das antigas ONGs reivindicativas deixaram na memória experiências compartilhadas e, sobretudo, redes sociais e políticas construídas. O acervo dessas heranças influiu decisivamente na constituição de outras dimensões da governança local.

Governança local é um conceito híbrido, que busca articular elementos do governo local com os de poder local. Ele ainda está em formação, tendo até o momento caráter mais prescritivo — no sentido do que seria "um bom governo" — do que crítico/analítico. Ele se refere a um sistema de governo em que a inclusão de novos atores sociais é fundamental, por meio do envolvimento de um conjunto de organizações, públicas (estatais e não estatais) e privadas. Ou seja, trata-se de um sistema que poderá envolver, entre outros, as ONGs, os movimentos sociais, o terceiro setor de uma forma geral, assim como entidades privadas e órgãos públicos estatais. A governança local diz respeito ao universo das parcerias, a gestão compartilhada entre diferentes agentes e atores, tanto da sociedade civil como da sociedade política, a exemplo do Orçamento Participativo.

A ideia de uma esfera pública está no centro dos debates sobre a governança local, mas a sua relação com o sistema político propriamente dito está carregada de polêmica. Isso se reflete, na prática, nas diferentes concepções e atribuições nomeadas aos conselhos gestores, como veremos na segunda parte deste texto. Se formos nos ater ao conceito de Habermas, observa-se que a esfera pública tem um papel fundamental na reconstrução da teoria democrática ao introduzir uma concepção participativa, discursiva, criando espaço para a generalização da ação social, para o reconhecimento das diferenças e para a ampliação da forma do político. Mas, ao mesmo tempo, o conceito habermasiano de esfera pública restringe o papel dos novos "públicos" a interlocutores de uma ação comunicativa, constituídos via interlocuções públicas, à mera "influência" nas decisões governamentais, legislativas ou do executivo, e não de sujeitos deliberativos atuando diretamente nos processos. Para Habermas, esses novos públicos devem ser informais, não podendo, portanto, ter o poder de deliberar. Avritzer assinala: "Ao nível da esfera pública, a racionalidade do processo participativo não leva à constituição imediata de propostas administrativas, mas conduz a um processo democrático de discussão. Diferentes atores construindo identidades em público, estabelecendo novas formas de solidariedade e possibilitando a superação de uma condição privada de dominação constituem os elementos centrais da noção de esfera pública" (Avritzer, 2000, p. 32).

A deliberação pública, ou o exercício de uma democracia deliberativa, nos moldes propostos por Boaventura de Sousa Santos (1999); Fungerik e Wright (2000), entre outros, nos fornecem elementos mais concretos para entender o conceito de governança local e suas possibilidades no escopo de uma gestão democrática compartilhada. A democracia participativa e redistributiva é o núcleo central de fundamentação de Santos, enquanto, para Fungerik e Wright, será a democracia deliberativa. Para Santos, "Cabendo ao Estado mais funções de coordenação do que funções de produção direta de bem-estar, o controle da vinculação da obtenção de recursos a destinações específicas por via dos mecanismos da democracia representativa torna-se virtualmente impossível. Daí a necessidade de a complementar com mecanismos de democracia participativa. A relativa maior passividade do Estado, decorrente de perda do monopólio regulatório, tem de ser compensada pela intensificação da cidadania ativa, sob pena de essa maior passividade ser ocupada e colonizada pelos fascismos societais" (Santos, 1999, p. 70). O autor conclui que a "fiscalidade participativa" é uma via possível para recuperar a capacidade perdida no Estado e propõe uma democracia redistributiva como nova luta no campo democrático.

A democracia deliberativa é um sistema que mistura a democracia direta com a democracia representativa; ela diz respeito aos mecanismos de representação política, em que exista o envolvimento dos indivíduos como cidadãos políticos ativos, construtores de consensos, por meio de diálogos interativos realizados no decorrer do processo de participação, na geração e elaboração de políticas públicas. Esse modelo de democracia exige a redefinição institucional de algumas instituições governamentais, principalmente em âmbito local, como instituições de participação deliberativas. Fungerik e Wright destacam cinco princípios institucionais que embasam os "experimentos" em democracia deliberativa: orientação da solução de problemas; centralidade da deliberação direta para descobrir soluções e programas para implementá-los; redução da distância entre o público (marcado pela lógica burocrática organizacional) e o privado (marcado pela lógica do mercado, do lucro); engajamento de grupos diversificados no diálogo; e transformação dos aparatos estatais em instituições de participação deliberativas permanentemente mobilizadas.

Os novos mecanismos participativos incluídos na governança local se baseiam no engajamento popular como um recurso produtivo central: a participação dos cidadãos provê informações e diagnósticos sobre os problemas públicos, gerando conhecimentos e subsídios à elaboração de estratégias para resolução dos problemas e conflitos envolvidos. A qualidade da participação pode ser mensurada pelo grau de informação (ou de desinformação) contida nas opiniões dos participantes. Assim como os movimentos sociais dos anos 1970/1980, os novos experimentos participativos desempenham também papel educativo aos seus participantes; à medida que fornecem informações, os capacitam à tomada de decisões e desenvolvem uma sabedoria política. Eles contribuem para o desenvolvimento de competências e habilidades a partir das experiências que vivenciam. Nesse sentido, contribuem para o desenvolvimento político dos indivíduos. É importante registrar que pesquisas feitas em Porto Alegre indicaram a predominância de pessoas com algum tipo de experiência associativa anterior entre os participantes do programa Orçamento Participativo. Isso posto, podemos concluir que as atuais experiências associativas tanto bebem no passado como dão elementos de estímulo para a retomada da organização popular de base, pois ela é realimentadora do processo institucionalizado.

Dado o caráter público das instâncias em que os experimentos são vivenciados, a ambiguidade assinalada acima pode resultar tanto em cidadãos ativos, no sentido de politizados, com visão crítica da realidade, conhecedores dos problemas que os circundam, com compreensão sobre as causas e as origens desses problemas, como em cidadãos ativos só na dimensão de simples tarefeiros, executores de "missões", com atuações individualizadas e personalistas, muito distantes de qualquer sentido público propriamente dito, respaldando-se em éticas e culturas que só contribuem para corroer ainda mais a já desgastada credibilidade dos órgãos públicos. Nos experimentos, todos são envolvidos em uma teia de discussões sobre a resolução de grandes e graves problemas diante da inexistência de recursos públicos e a implementação de "soluções tampões" engendradas nas políticas de parcerias entre o Estado e a sociedade civil organizada, por meio do terceiro setor, com o apoio da iniciativa privada.

No cenário acima, deve ser entendido o novo conceito de governança local e inserir-se a discussão sobre os conselhos gestores. Se compostos por lideranças e grupos qualificados — do ponto de vista do entendimento de seu papel, limites e possibilidades — e articulados a propostas e projetos sociais progressistas, podem fazer política tornando públicos os conflitos; enquanto interlocutores públicos, poderão realizar diagnósticos, construir proposições, fazer denúncias de questões que corrompem o sentido e o significado do caráter público das políticas, fundamentar ou reestruturar argumentos segundo uma perspectiva democrática; em suma, eles podem contribuir para a ressignificação da política de forma inovadora. Seu impacto na sociedade não será dado por índices estatísticos, mas por uma nova qualidade exercitada na gestão da coisa pública ao tratar o tema da exclusão social não meramente como inclusão em redes compensatórias destinadas a clientes/consumidores de serviços sociais. Eles podem cumprir um papel muito diferente do integrativo/assistencial atribuído, no passado, a outras formas de conselhos, como os comunitários/assistencialistas, compensatórios e integrativos. Isso tudo pressupõe transformar o Estado em um campo de experimentação institucional, onde coexistam soluções institucionais e coletivas permanentes de cidadãos organizados, todos participando sob dadas igualdades de condições.

PARTE II

Análises sobre realidades concretas

3

Cenário da participação em práticas de gestão da coisa pública no Brasil no final do milênio:

as mudanças no caráter do associativismo e nas políticas públicas

No Brasil, a questão da participação política é um tema presente desde o tempo de lutas da Colônia contra a metrópole, passando pelas lutas contra a escravidão e pelo sindicalismo anarquista nas primeiras décadas deste século. A participação política, estimulada por políticas públicas estatais, surge a partir da "ideia da participação comunitária [...] no início deste século, como um componente ideológico e prático do movimento dos centros comunitários de saúde norte-americanos. [...] Tal movimento nasce com o propósito de, no âmbito da assistência sanitária a indivíduos e grupos, dar resposta ao crescentemente grave problema da relação entre pobreza e doença. [...] Na América Latina a proposta teve pouca repercussão na época. [...] Nos anos

50, aparece a proposta de 'desenvolvimento da comunidade', criada por instituições americanas envolvidas com a política de ajuda e sedução a países subdesenvolvidos no contexto da guerra fria" (Carvalho, 1995, p. 16). A literatura sobre as políticas de desenvolvimento de comunidade já é extensa no Brasil (vide Wanderley, 1995). O importante a ser extraído daquelas políticas é a concepção instrumental que as orienta: a participação era pensada como incorporação dos indivíduos em ações previamente elaboradas pelas autoridades ou grupos de missionários que desenvolviam programas assistenciais nas comunidades.

A participação dos indivíduos nos processos de elaboração de estratégias e de tomada de decisão só irá aparecer na década de 1980, em propostas associadas aos movimentos populares, em atuação conjunta com comunidades eclesiais de base, oposições sindicais, algumas categorias profissionais do funcionalismo público, associações de moradores etc. O termo recorrente era *participação popular*, e a categoria central era a das classes populares que remetia à de "povo" — figura genérica, carente de estatuto teórico, bastante criticada na literatura das ciências sociais. A participação popular foi definida, naquele período, como esforços organizados para aumentar o controle sobre os recursos e as instituições que controlavam a vida em sociedade. Esses esforços deveriam partir fundamentalmente da sociedade civil organizada em movimentos e associações comunitárias. O povo, os excluídos dos círculos do poder dominante, eram os agentes e os atores básicos da participação popular. Foi um período de luta nacional pelo acesso e reconhecimento dos direitos sociais, econômicos e políticos dos setores populares. No plano mais geral, buscava-se o direito de eleger representantes para cargos públicos, o direito de se manifestar e de se organizar livremente. Tratava-se de mudar as regras do controle social e de alterar a forma de fazer política no país. O clamor à participação era geral e não se restringia aos setores populares. As demandas marcaram um período de ciclo de protestos e mobilizações em busca da democratização da sociedade brasileira, ao final da década de 1970. O fim do regime militar e a volta de eleições livres, com legítimos representantes da sociedade civil, eram os objetivos centrais de todas as ações. A temática da participação era vista associada à organização política dos trabalhadores, devendo atender a dois princípios importantes:

1. esclarecer e ordenar o que reivindicar e que direitos conquistar;
2. estabelecer formas de arregimentação de forças políticas próprias que sustentem as reivindicações e a conquista dos direitos.

Vários pesquisadores trabalharam com a categoria da participação como imperativo nas relações sociais vigentes, como forma de democratizar o Estado e seus aparelhos. Participação se tornou um dos principais termos articuladores no repertório das demandas e movimentos. Demo (1988) assinalou, naquela época, que a participação envolve mais do que a demanda: envolve a criação de canais; disso resultou a discussão sobre como e quais seriam esses canais. Já se começava a delinear uma discussão a respeito dos conselhos: que canais, com que qualidade e como participar. O debate denotava a passagem de uma fase da participação como simples pressão pela demanda de um bem para outra fase, em que havia certa qualificação da participação.

Em termos da teoria política, o referencial fundava-se em concepções estratégicas, objetivando a tomada dos aparelhos do Estado e sua democratização. A mobilização da sociedade civil era parte de um plano de criação e desenvolvimento de uma cultura de contra-hegemonia à ordem dominante. Guerra de posição e guerra de movimento eram duas categorias chaves que formavam e informavam o sentido e a direção que muitas lideranças imprimiam aos movimentos e às organizações populares.

Contrastando com os fundamentos teóricos que alimentavam o projeto de redemocratização, advindo em boa parte de concepções da esquerda, o conceito de participação continha, na prática, bases liberais, pois era vista como sinônimo de pressão popular encaminhada diretamente aos órgãos públicos, particularmente às prefeituras. O poder de decisão, de responder ou não àquelas demandas, era do mandatário local. Participar era interpretado de uma forma um tanto mecanicista, pois se restringia a uma aspiração à criação de canais, de organizações e de estruturas que viabilizassem a presença física de representantes da sociedade civil nas estruturas estatais. "Participar era ter gente lá."

Na década de 1980, o cenário se altera. A despeito da desvalorização que a mídia em geral atribuiu ao período, várias conquistas se efetivaram. Dentre elas destacamos duas: primeiro, a constituição de um campo democrático no seio da sociedade civil, formado por movimentos populares; por movimentos sociais pluriclassistas, como o de mulheres, de negros, de ecológicos etc.; por lideranças das novas centrais sindicais; por parlamentares e partidos políticos oposicionistas; por entidades profissionais comprometidas com a democracia; e por ONGs então emergentes na cena política nacional. O novo campo democrático desenvolveu uma cultura política de mobilização e de pressão direta, como prática principal para viabilizar o encaminhamento das demandas que compunham suas agendas.

Segundo, a conquista de canais de participação da população em assuntos que diziam respeito à coisa pública. A criação desses novos canais colocou os sujeitos demandatários em novas arenas de luta no interior dos órgãos públicos, nas salas e gabinetes estatais. Tratava-se de saber negociar com os governos constituídos, pertencentes, na época, em grande escala, ao PMDB (Partido do Movimento Democrático Brasileiro). Com o exercício das novas práticas, também vieram as dificuldades, os limites e as novas exigências dadas pela nova conjuntura econômica, social e política. Várias dessas dificuldades decorriam de problemas enraizados na própria cultura política nacional, em que predominam valores como o clientelismo; o paternalismo; o método de resolução de negócios públicos por meio de procedimentos diretos, privilegiando interesses particulares; a descrença na eficácia das leis, porque, usualmente, elas só são aplicadas aos pobres e fracos como mecanismo punitivo; a mania nacional de uso da "lei de Gerson", de só levar vantagem, gerando processos como a naturalização da corrupção como mais uma forma de levar vantagem; o machismo predominante nos países de cultura luso-espanhola; e a valorização das estruturas corporativas, nos aspectos de vícios e privilégios que elas carregam etc.

Ainda que parte das lideranças das estruturas colegiadas não se pautasse por tais valores e buscasse fincar raízes em referenciais democráticos, procurando elaborar políticas alternativas àquelas que tradicionalmente o Estado elaborava, era muito difícil controlar processos sociais abertos com a participação de matrizes político-partidárias variadas, no sentido de garantir a prevalência de novos valores e práticas. Estávamos em uma fase de transição, em que as estruturas de participação foram sendo construídas a partir de arcabouços institucionais existentes, velhos e carcomidos pelos longos anos de práticas populistas, seguida pelas tortuosas e penosas décadas da ditadura militar. Acrescente-se ainda que as alianças político-partidárias dos que estavam no poder impunham limites e constrangimentos a uma participação efetiva dos grupos e representantes da população nas estruturas colegiadas arquitetadas. Em muitos casos, o processo se resumiu a um grande discurso e a uma prática fantasmagórica, arquitetada de cima para baixo, objetivando legitimar um pseudoprocesso democrático em curso; e, em outros, as organizações populares eram convidadas a participar com o objetivo de utilizá-las como via de agenciamento e engajamento da população na realização de pequenas obras de baixa qualidade habitacional e pequeno custo econômico. Alto custo social, pois exigia tempo e energia, implicando horas de trabalho gratuito. Grande retorno político aos seus fomentadores, pois as propostas eram decididas e administradas pelas autoridades constituídas.

A ideia básica presente nas políticas de participação popular nos anos 1980 era a de que elas deveriam ser incorporadas ao planejamento administrativo, desde que se considerasse o planejamento de forma diversa da que predominou durante os anos 1970, ou seja, que ele não se realiza de cima para baixo nem de fora para dentro. Não se tratava, também, de estimular meros debates. O planejamento participativo era um processo de relação entre o governo e a comunidade. A comunidade era vista em termos de forças populares que, por meio de mecanismos de atuação política, poderiam realizar uma participação concreta no exercício do poder. Quando se reivindica participação popular está se reivindicando a participação do povo nas decisões do poder político. Participação não para discutir o planejamento com técnicos, mas para beneficiar-se do planejamento programado em razão de sua força no contexto do poder.

Assim, a conjuntura política dos anos 1980 construiu outras dimensões para a categoria participação. Para os que estavam engajados na busca de redemocratização do Estado, inicialmente o processo concentrou-se na *questão dos conselhos*, priorizando no debate a dicotomia do caráter que deveriam ter: *consultivo*, para auscultar a população, ou *normativo/representativo*, com poder de decisão. Firmaram-se as primeiras experiências de conselhos de gestão da coisa pública em uma ampla gama de tipos, que ia dos conselhos comunitários aos conselhos de escola; da saúde às câmaras de gestão de setores variados, como transportes, conselhos da condição feminina, do negro etc. E esta ampla gama de experiências funcionava paralelamente aos conselhos populares dos movimentos sociais, provocando grande confusão toda vez que essas duas formas de participação e de representação se cruzavam, pois a dos conselhos populares se fundava nos princípios da participação direta, e a dos conselhos comunitários e outros eram articuladas pelos poderes públicos segundo critérios de representatividade que supunham a participação indireta. O cruzamento das duas formas só irá aparecer nos anos 1990, nas novas redes associativas.

O eixo articulatório central da temática da participação ainda continuou a ser, nos anos 1980, o da ocupação de espaços físicos para que se fizessem ouvir outras vozes além da dos que estavam no poder, para que se democratizasse a sociedade incluindo a diferença. Esse tipo de luta se concentrava em duas direções: junto às administrações locais, como grupo de pressão junto aos governantes e a representantes do Legislativo federal, na busca de se construir uma nova institucionalidade para o país que contemplasse novas leis, mais democráticas, que institucionalizassem os canais de participação.

No decorrer dos anos 1980, o termo participação tornou-se jargão popular, acabou apropriado por discursos políticos conservadores e foi referência obrigatória a todo plano, projeto ou política governamental como sinônimo de descentralização, que na realidade não era descentralização, mas sim desconcentração, em oposição à centralização dos regimes militares. Perdeu sua força como categoria explicativa nos processos sociopolíticos novos que vinham ocorrendo na sociedade civil, na medida em que o processo de democratização se generalizou na América Latina nessa fase da transição política.

Anos 1990: O surgimento de um novo paradigma na gestão dos bens públicos

Sabemos que, ao final dos anos 1980, parcelas da oposição política às elites tradicionais brasileiras ascenderam ao poder em várias cidades e no governo de alguns estados. Esse fato é de suma importância, porque ele possibilitou requalificar a temática da participação em outras dimensões, que dizem respeito ao aprofundamento da democracia; à construção de um novo paradigma; às ações coletivas baseadas na categoria da cidadania; e à construção de novos espaços de participação, lastreados não em estruturas físicas, mas em relações sociais novas que se colocam entre o público e o privado, originando o público não estatal. Participação comunitária e participação popular cedem lugar a duas novas denominações: *participação cidadã* e *participação social*.

Na participação cidadã, a categoria central deixa de ser a comunidade ou o povo e passa a ser a sociedade. "A participação pretendida não é mais a de grupos excluídos por disfunção do sistema (comunidades) nem a de grupos excluídos pela lógica do sistema (povo marginalizado), e sim a do conjunto de indivíduos e grupos sociais, cuja diversidade de interesses e projetos integra a cidadania e disputa com igual legitimidade espaço e atendimento pelo aparelho estatal" (vide Carvalho, 1995, p. 25). Trata-se de práticas que rompem com uma tradição de distanciamento entre a esfera em que as decisões são tomadas e os locais onde ocorre a participação da população. O conceito de participação cidadã está lastreado na universalização dos direitos sociais, na ampliação do conceito de cidadania e em uma nova compreensão sobre o papel e o caráter do Estado, remetendo à definição das prioridades nas políticas públicas a partir de um debate público. A participação passa a ser concebida como intervenção social periódica e planejada, ao longo de todo o circuito de formulação e implementação de uma política pública, porque toda a ênfase passa a ser dada nas políticas públicas. Portanto, não será apenas a sociedade civil a grande dinamizadora dos canais de participação, mas também as políticas públicas. A principal característica desse tipo de participação é a tendência à institucionalização, entendida como inclusão no arcabouço jurídico institucional do Estado, a partir de estruturas de representação criadas, compostas por representantes eleitos diretamente pela sociedade de onde eles provêm. Os conselhos gestores, que serão tratados adiante, são os maiores exemplos. Isto implica a existência do confronto (que se supõe democrático) entre diferentes posições político-ideológicas e projetos sociais. Todas as demandas são, em princípio, tidas como legítimas. Os novos sujeitos políticos se constroem por meio de interpelações recíprocas.

Algumas experiências de participação cidadã se notabilizaram na década de 1990, a exemplo das levadas a efeito junto às administrações eleitas com o apoio do Partido dos Trabalhadores. O entendimento da nova forma de participação deve ser feito nos marcos do entendimento das novas estruturas de representação, mas eles atuam em redes e se constituem como atores coletivos. Eles são compostos por movimentos, ONGs de variados tipos, departamentos de universidades, entidades de classe que apoiam as camadas populares, setores de órgãos públicos que desenvolvem trabalhos em parceria com entidades populares voltados para a população, pequenas empresas organizadas sob a forma de cooperativas, federações, fundações etc. Na realidade, são atores que já estiveram presentes nos anos 1980 nas políticas dos conselhos. Só que, da forma como eles estão articulados, seus objetivos, constituição jurídica, dinâmica de trabalho, papel na relação sociedade/Estado são totalmente distintos hoje, conferindo novo caráter à coalizão de forças que formava o campo popular nos anos 1980. Sem o entendimento dessas novas formas de representação, é impossível perceber as alterações em relação à década de 1980, até porque algumas dessas formas não desapareceram. Resulta que as formas originárias dos anos 1980 estão bastante modificadas. A direção geral das ações coletivas caminha no sentido do chamado *empowerment*, o empoderamento de grupos e indivíduos via a capacitação política e organizacional, que leva ao resgate/crescimento da autoestima e à construção da identidade, assim como ao acesso a oportunidades de emprego e geração de renda, itens de grande relevância em uma conjuntura de desemprego. O empoderamento torna mais fácil, também, o acesso aos serviços públicos, devido à difusão de informações que gera.

A participação social não representa um sujeito social específico, mas se constrói como um modelo de relação geral/ideal, na relação sociedade/Estado. No centro da participação social, encontramos o conceito de mobilização com conteúdos ressignificados, assim como se redefine o caráter da militância nas várias formas de participação existentes. A mobilização social passa a ser vista não como a aglutinação de pessoas para fins de protestos, manifestações públicas (como passeatas, concentrações etc.), mas como energias a serem canalizadas para objetivos comuns. "A mobilização ocorre quando um grupo de pessoas, uma comunidade, uma sociedade decide e age com um objetivo comum, buscando, cotidianamente, os resultados desejados por todos" (Toro, 2000, p. 12). Observa-se que há um total e completo esvaziamento do conteúdo político da mobilização e a sua transfiguração em processo para atingir resultados. O novo conceito de mobilização passa a ser uma das diretrizes básicas preconizadas nos programas para uma gestão participativa desenvolvidos pelas novas ONGs do Terceiro Setor.

A abordagem sobre a participação social segue a trilha de questões clássicas nos estudos norte-americanos sobre a ação coletiva (vide Gohn, 1997): como motivar as pessoas a se envolverem com a comunidade, com a vida da escola, de seu bairro etc. Outra categoria ganha relevância na ressignificação dos conceitos: a de pertencer, entendida como um sentimento de identidade que gera motivação. Os autores que tratam o tema sugerem que se deve envolver os atores mais motivados e disponíveis para um processo participativo. Outra dimensão da participação social na política contemporânea é a redefinição do conceito de solidariedade e de trabalho voluntário — fora dos marcos filantrópicos e articulado às novas redes de sociabilidade. "Isto se reflete drasticamente nas associações voluntárias. O bom vizinho agora é substituído pelo voluntário em uma ONG, em um trabalho que não se centra em questões específicas da comunidade, mas na ideia de um serviço prestado a uma causa mais geral, como juventude, drogas, *homeless*, por exemplo. Os laços sociais que unem os indivíduos que participam não se localizam preponderantemente em estruturações identitárias baseadas no território (vizinhança), local de trabalho ou outros fundados principalmente em laços fortes. São, antes de tudo, identidades construídas a partir de reconhecimento difuso do eu e do outro, que traspassa rígidas fronteiras de sociabilidade antes predominantes, definidoras, por exemplo, das identidades de classe e de nação" (Fontes, 2000, p. 256-57).

A abordagem da participação lastreada no desenvolvimento de uma cultura cívica (Putnam, 1996; Santos Júnior, 2001) preconiza o desenvolvimento de comunidades atuantes, compostas de organizações autônomas da sociedade civil, imbuídas de espírito público, com relações sociais igualitárias e estruturas fincadas na confiança e na colaboração, articuladas em redes horizontais. Essas comunidades são vistas como mecanismos poderosos de integração e habilitação dos cidadãos excluídos, por múltiplas razões, do acesso aos direitos sociais e políticos; os autores acima destacam ainda a importância dessas comunidades para a formação e desenvolvimento do capital social de uma dada região. Nessa abordagem, o capital social é tão importante quanto o capital econômico, pelo fato de ele gerar inovações, contribuir para minorar as desigualdades existentes e aprofundar o processo democrático, ao ampliar a esfera pública demarcando-a com práticas associativistas igualitárias e de caráter solidário.

A desativação de várias funções, antes desempenhadas diretamente pelas estruturas estatais, levou ao surgimento de arenas novas, dadas pelas parcerias entre o público e o privado-comunitário. Na sociedade civil, o cenário de meninos e meninas morando nas ruas levou ao surgimento de inúmeras ONGs para cuidar deles; oficinas e cooperativas foram estruturadas em vários setores da economia para viabilizar a produção de pequenos negócios e enfrentar a concorrência com preços competitivos. Levantamento realizado pela ABONG — Associação Brasileira de Organizações Não Governamentais — revela que 70% das ONGs realizam algum tipo de atividade educacional, sendo uma boa parte desenvolvida em parceria com instituições municipais ou estaduais, o que se destaca nas políticas sociais que envolvem parcerias entre órgãos públicos e ONGs. Entretanto, o tipo de ação das ONGs e a não obrigatoriedade delas com o universal tornam as entidades do Terceiro Setor muito localizadas. Para uns, isso é positivo, pois conseguem fazer o que os órgãos governamentais não conseguem. Para outros, é negativo: o compromisso é localizado, focal, não há o desenvolvimento de uma consciência de cidadania real, de um cidadão ativo e pleno de direitos. Há a modelagem de um cidadão passivo, cliente/usuário de políticas sociais compensatórias.

O cenário das ONGs e do Terceiro Setor em geral se complica, porque ao lado das entidades com perfil democrático, outras organizações voltadas inteiramente para o lucro se instalam e buscam se apropriar das mesmas políticas e incentivos. O próprio poder público federal alterou sua forma de tratar o desemprego e passou a estimular, por intermédio do Ministério do Trabalho e outros, a geração de pequenos empregos ou a formação de pessoal para atuar no setor de prestação de serviços. Essas ações se baseiam no tripé governo, iniciativa privada (leia-se associações patronais), entidades e organizações populares, incluindo-se os sindicatos de trabalhadores. Formam-se, assim, frentes coletivas com parceria entre atores que, em passado recente, estavam em luta. E os programas acontecem porque são destinadas verbas para tal.

Em resumo, este cenário conturbado e contraditório, em que as experiências alternativas já não se restringem à criatividade do campo democrático popular e se institucionalizam também como políticas focalizadas, muitas vezes manipulatórias ou compensatórias, participar de fóruns, espaços e canais de intermediação dos processos de parceria entre o governo e a população tem o significado atual de participar de lutas de resistência. Mas o grande fator dinamizador das forças de resistência aos efeitos devastadores da globalização da economia advém de uma categoria de múltiplas dimensões, no passado considerada símbolo de conservadorismo social, que é a categoria *local* e no seu interior o poder local, conforme já tratado no capítulo anterior. A volta do processo eleitoral em todas as localidades brasileiras possibilitou o acesso de representantes do campo democrático ao Poder Executivo e tornou possível reverter o significado da então usual apropriação privada, que sempre caracterizou os mandatários das administrações municipais. O ato de tornar públicas as informações relativas aos negócios do Estado, barreira e pedra de toque na questão do monopólio do poder, pôde ser implementado, assim como experiências envolvendo a participação da população.

A dimensão do social em nível local sofreu transformações, que devem ser vistas do ponto de vista sociocultural e político-ideológico, pois a esfera afetada foi a do associativismo. Novas formas de sociabilidade emergiram, principalmente as relativas ao lazer e à cultura. Os indivíduos, de forma geral, passaram a ser consumidores de espaços geradores de sociabilidade em academias esportivas, associações culturais, clubes, círculos, tribos diversas que frequentam *shoppings* que transformaram praças de lazer e de alimentação, festas etc. A natureza desse associativismo é muito peculiar, pois é motivado, de um lado, por um espírito de agregação comunitário, um "nós" que se traduz por uma identidade de interesses comuns; mas, por outro lado, o associativismo é estimulado também por uma busca de satisfação pessoal, pelo "eu", por propósitos individuais.

Tornemos agora a mais uma dimensão do local: a ecológico-ambiental. Embora ela afete a todos no plano geral, é no local que ganhou destaque, porque sua percepção é maior nesse nível. A vertente que se ocupa do desenvolvimento autossustentado das comunidades locais, sem devastar campos, matas e florestas; sem poluir os rios, oceanos e todas as águas correntes existentes, preservando a fauna e a flora, transformou algumas localidades em santuários da humanidade, e a luta pela sua preservação em um problema nacional.

Mas todo esse processo de mudança no cenário da participação não tem sido gerado espontaneamente nem de forma harmoniosa. Dois fatores devem ser destacados. Primeiro, já havia uma herança anterior acumulada de experiências de participação, advinda do campo democrático assinalado anteriormente, em particular aquelas desenvolvidas pelos movimentos sociais e pelas organizações de assessoria. Foram experiências que forneceram patamares referenciais e alimentaram as novas práticas. Segundo, foi necessário ter vontade política para que um novo espaço público, de caráter não estatal, se implantasse. Esse espaço surgiu como um agente de mudança, de decisão, e foi preciso construir regras de institucionalidade bem claras para que os mecanismos de participação, de caráter democrático, viessem a operar.

Entretanto, o exercício da democracia, em nome da cidadania de todos, é um processo, não uma engenharia de regras. Como tal, ele demanda tempo, é construído por etapas de aproximações sucessivas, em que o erro é (ou deveria ser) tão pedagógico quanto o acerto. Desenhar espaços participativos e construir a institucionalidade correspondente, de forma que respeite a diversidade, seja plural, aberto às identidades de cada grupo/organização/movimento, exige articulações políticas que superem os faccionismos e costurem alianças objetivando atingir determinadas metas.

4

Conselhos populares e participação popular

Antecedentes históricos

Este capítulo objetiva resgatar formas históricas de conselhos. A forma "conselho" utilizada na gestão pública, ou em coletivos organizados da sociedade civil, não é nova na história. Alguns pesquisadores afirmam que os conselhos são uma invenção tão antiga quanto a própria democracia participativa e datam suas origens desde os clãs visigodos. Em Portugal, entre os séculos XII e XV, foram criados "concelhos" municipais (escrita da época, com *c*), como forma político-administrativa de Portugal, em relação às suas colônias. As câmaras municipais e as prefeituras do Brasil colônia foram organizadas segundo esse sistema de gestão (Vieira, 1992). Contemporaneamente, na realidade de Portugal, a forma tradicional dos conselhos deu lugar aos conselhos urbanos, originários das comissões de moradores. Eles se iniciaram a partir das Assembleias e das Juntas de

Freguesias e foram fundamentais durante o período da Revolução dos Cravos naquele país (Estevão, 1993).

Entretanto, os conselhos que se tornaram famosos na história foram: a Comuna de Paris, os conselhos dos sovietes russos, os conselhos operários de Turim — estudados por Gramsci —, alguns conselhos na Alemanha nos anos 1920, conselhos na antiga Iugoslávia nos anos 1950, conselhos atuais na democracia americana etc. Observa-se que, na modernidade, os conselhos irrompem em épocas de crises políticas e institucionais, conflitando com as organizações de caráter mais tradicionais.

A Comuna de Paris foi um governo de trabalhadores por dois meses na França, em 1871. É considerada por muitos historiadores como a primeira experiência histórica de autogestão operária por meio de conselhos populares. Segundo Eric Hobsbawm, foi um governo insurrecional de trabalhadores em uma única cidade e "foi importante não apenas por aquilo que realizou, como por aquilo que anunciou; era mais formidável como um símbolo do que como um fato" (Hobsbawm, 1982, p. 184). Propunha demolir toda a organização do trabalho capitalista, a fim de substituí-la por uma organização nova. As oficinas da Comuna foram modelos de um tipo de democracia popular. Elas fixavam salários, jornada de trabalho, escolha das chefias etc., com a participação de todos os trabalhadores organizados em comitês. No âmbito da cidade, existiam comitês de bairros que cuidavam da instrução pública. Mas a Comuna foi uma experiência de solidariedade em tempo de guerra. Ser um cidadão era ser um combatente, estar no campo de batalha.

Para nós, a importância de registrar a experiência da Comuna como um grande legado histórico das lutas populares está no fato da novidade histórica que ela inaugurou: a autogestão da coisa pública pelos próprios demandatários, a possibilidade da participação direta da população na gestão da cidade e, principalmente, a possibilidade da gestão pública estatal, articulada com a gestão da produção, em um projeto político emancipatório.

Existe uma memória histórica coletiva da experiência de gestão pelos conselhos de operários. Ela é parte integrante da luta de setores oprimidos por sua emancipação econômica, política, social e cultural. Os conselhos operários rejeitavam a lógica do capitalismo, buscavam outras formas de poder autônomo, descentralizado, com autonomia e autodeterminação.

Os sovietes russos nasceram em São Petesburgo em 1905. Foram recriados em fevereiro de 1917, pela revolução socialista, antes que qualquer partido lançasse palavras de ordem. Eram organismos de classe, compostos por operários, soldados e intelectuais revolucionários. Após 1917, os partidos políticos, os sindicatos e as associações voluntárias foram perpassados pelos sovietes, desempenhando tarefas públicas que outrora eram responsabilidade do Estado, tais como na área da saúde e da manutenção da segurança pública. A tarefa mais avançada foi a direção de processos de produção. Os sovietes russos tiveram grande desempenho entre 1917-1918; depois, sobreviveram na Ucrânia do Sul e em Cronstadt.

Os conselhos operários na Alemanha surgiram em meio à profunda crise gerada pelo movimento de maio de 1918, ocasião em que ocorreu a queda geral das estruturas institucionais. Rosa Luxemburgo é a grande figura de destaque no debate sobre os conselhos alemães. Ela defendia a atuação de conselhos nas fábricas não somente como órgãos de autogestão econômica, mas também como órgãos de administração com funções municipais, educativas etc.

Os conselhos alemães locais sobreviveram até 1923, por meio dos conselhos de fábricas. Eles não eram eleitos sobre uma base territorial, como na Comuna de Paris ou os sovietes russos, mas sobre a base da empresa. Eram órgãos de autogestão da produção e autoadministração da população. Isto tornou-se possível porque as empresas não eram apenas unidades de produção, mas células sociais, *locus* de socialização dos indivíduos. Os comitês das empresas eram designados segundo regras jurídicas que os diferenciaram dos organismos tradicionais pelo fato de serem revogáveis e de terem suprimido as diferenças entre os poderes executivo, legislativo e judiciário ao criar os tribunais populares. Os conselhos alemães tratavam ainda da questão dos salários e da rotatividade das tarefas, com o objetivo de quebrar as escalas de hierarquia: controlavam os preços dos aluguéis e dos gêneros de primeira necessidade, além de ter mecanismos de combate à especulação.

Na Itália, partindo da crítica às instituições dos partidos e dos sindicatos, Gramsci (1981) via os conselhos operários, especialmente os conselhos de fábrica, como alternativas possíveis de participação, formas modernas de organização, encontradas em condições de divisão do trabalho avançadas, com a indústria e a urbanização desenvolvidas.

Na Espanha, os conselhos operários surgiram mais tardiamente, entre 1934-1937, associados ao anarco-sindicalismo, em um período em que o fascismo e a perseguição ao movimento operário estavam em ascensão em outros países europeus. Em Barcelona, os conselhos operários autogeriram fábricas e organizaram milícias. A Federação Anarquista Ibérica (FAI) criou as *colunas*, formação de voluntários para combate e para disseminar suas ideias. Elas implantaram comunidades autogeridas nas zonas rurais.

Hungria, Polônia e Iugoslávia são os casos mais conhecidos de conselhos operários e populares no pós-guerra. Na Hungria, a experiência ocorreu nos anos 1950, com a rebelião em Budapeste contra os russos. Os conselhos foram criados como estratégias de defesa, atuando nas fábricas, nos distritos, nas municipalidades e nas províncias. Nos anos de 1969-1970, a Polônia também teve experiências de conselhos. Ao contrário da Hungria, os conselhos poloneses não tomaram o poder, mas permaneceram, após a revolta, como um duplo poder, questionando a burocracia e sendo porta-vozes dos operários e dos estudantes.

A experiência mais famosa em termos de conselhos no pós-guerra, em países socialistas, foi a da Iugoslávia. Lá a questão surgiu associada à autogestão. Os comitês de libertação surgidos espontaneamente após a 2ª Guerra Mundial, como instituições de governo alternativo, foram a origem dos conselhos iugoslavos (ver Valadares, 1983).

Conselhos de cidadãos nas democracias ocidentais: o caso norte-americano

Nos Estados Unidos, a partir das suas origens históricas baseadas em comunidades em que a ajuda mútua era uma constante, a experiência dos conselhos é bastante diferenciada e contraditória. Lá os conselhos proliferaram por meio do desenvolvimento de grupos e comunidades de interesses.

A democracia participante tem sido o fundamento ideológico de milhares de pessoas que se unem, formam associações e movimentos objetivando constituir grupos de pressão na defesa dos seus interesses. O sistema é uma combinação de democracia direta com princípios da representação por intermédio de delegados. Assim, a comunidade negra do Harlem constituiu a Bed-Stuy Corporation (Valadares, 1983, p. 46), a Bronx Sul, em Nova York, e o programa de ação direta da Frontier, também em Nova York. Em 1960-1970, criaram grupos "força-tarefa" para impulsionar o desenvolvimento comunitário. "A meta da Frontier e suas aliadas é trazer para as bases o processo de tomada de decisão e forçar os governos federal, estadual e municipal a se dedicarem aos assuntos que os grupos locais levantam" (Valadares, 1983, p. 58).

Enquanto os conselhos socialistas ou as experiências revolucionárias da primeira metade do século XX ocorreram no setor da produção, os conselhos americanos acontecem na esfera do consumo de bens, serviços e equipamentos coletivos públicos, ou de moradia familiar. São organismos de pressão da sociedade civil e atuam como *lobbies* de pressão, ou como estruturas auxiliares da administração pública.

A questão dos conselhos no Brasil

Basicamente, podemos diferenciar três tipos de conselho no cenário brasileiro do século XX, no período considerado: os criados pelo próprio poder público Executivo, para mediar suas relações com os movimentos e com as organizações populares; os populares, construídos pelos movimentos populares ou setores organizados da sociedade civil em suas relações de negociações com o poder público; e os institucionalizados, com possibilidade de participar da gestão dos negócios públicos criados por leis originárias do Poder Legislativo, surgidos após pressões e demandas da sociedade civil. No primeiro tipo, temos como exemplo os conselhos comunitários criados para atuar junto à administração municipal ao final dos anos 1970 (Gohn, 1990); no segundo, os conselhos populares ao final dos anos 1970 e parte dos anos 1980 (Urplan, 1984; Gohn, 1990); e no terceiro, os conselhos institucionalizados, a exemplo dos conselhos de representantes previsto na Lei Orgânica Municipal de São Paulo e os conselhos gestores institucionalizados setoriais, principal objeto de reflexão e análise deste trabalho, que serão tratados no próximo capítulo. Dada a similaridade de temas e problemas entre os conselhos populares dos anos 1980, e os conselhos gestores dos anos 1990, vale a pena resgatar um pouco da memória dos primeiros.

Conselhos comunitários em São Paulo

Em São Paulo, a ideia de implantação de conselhos não é nova, tanto por parte de setores organizados da sociedade civil como por parte dos administradores e governantes. Sem recuar muito na história, podemos citar alguns exemplos, tais como os conselhos propostos nos anos 1960 na gestão de Adhemar de Barros no governo do Estado de São Paulo, dentro da política do populismo; e os conselhos comunitários criados ao final dos anos 1970 por Reynaldo de Barros. Em 1975, um encontro de entidades em busca de novos rumos para a cidade de São Paulo (e para o país) elaborou um documento denominado *Carta de São Paulo*. Os representantes das Sociedades Amigos de Bairros presentes ao evento reivindicavam a criação de um "quarto poder", composto de representantes das organizações populares, com autoridade para interferir na política municipal. Em 1979, o Decreto n. 16.100 da prefeitura de São Paulo criou os conselhos comunitários. A rigor, a ação da prefeitura na área da ação comunitária data de 1967, quando da criação da ex-Secretaria do Bem-Estar Social. Entre 1969 e 1973 — fase repressiva da política brasileira —, a prefeitura criou conselhos inoperantes, meros "fiscalizadores" de suas atividades. Tratava-se de mecanismos ligados diretamente ao gabinete do prefeito ou à coordenação das Administrações Regionais. De 1973 a 1979 — acompanhando a crescente mobilização da sociedade civil em torno de questões sociais e políticas —, os conselhos passaram a ser vistos como virtuais instrumentos de mobilização popular.

Em 1979, o ex-prefeito Reynaldo de Barros, com o Decreto n. 16.100, cria um conselho comunitário composto das seguintes "forças comunitárias", segundo a denominação oficial: duas associações de classe, dois clubes de serviços, duas entidades sociais, seis movimentos sociais religiosos e três Sociedades Amigos de Bairros. O momento político do país era de tamanha ânsia de participação que o conselho foi acolhido, mesmo com todas as críticas passíveis (criado por decreto, um só conselho para toda a cidade, não explicitação do seu papel, não justificativo dos critérios de representatividade das entidades etc.). Ele foi debatido por entidades de classe e nas universidades, com arquitetos, sociólogos, assistentes sociais etc. Em dezembro de 1979, a

Portaria n. 75 regulamenta o funcionamento do conselho, determinando que ele seja múltiplo, organizado por Administrações Regionais, com a finalidade de discutir o orçamento municipal e participar na elaboração de programas e projetos dos órgãos da municipalidade. As solicitações dos conselhos deveriam constituir processos especiais na administração pública, além de dispensar a cobrança do preço do serviço respectivo. O poder público estruturava, pela primeira vez desde 1964, uma proposta objetivando institucionalizar as demandas populares.

Durante o ano de 1980, foram criados onze conselhos. Para a elaboração do orçamento-programa de 1981, a Cobes — órgão da prefeitura que passou a se relacionar diretamente com os conselhos — elaborou um roteiro de itens, em diferentes setores sociais, objetivando captar o posicionamento dos conselhos a respeito dos serviços públicos e das demandas populares. Os conselhos responderam por meio de extensa pauta reivindicatória, em que observamos questões que vão desde o enriquecimento da merenda escolar até a criação de bibliotecas, quadras, praças, alargamento de ruas, linhas de ônibus, mais verbas, maior participação dos conselhos na prefeitura etc. O que predominava eram pedidos de atendimento de carências. A prefeitura catalogou tudo de forma burocratizada, despolitizando qualquer conteúdo das reivindicações, e continuou a administrar segundo as prioridades definidas nos gabinetes, objetivando mais o atendimento dos interesses econômicos organizados.

Em 1984, coube à prefeitura de São Paulo fazer nova tentativa de participação via conselhos. A secretaria dos excluídos e marginalizados é acionada, agora denominada Fabes — Secretaria da Família e do Bem-Estar Social. Dentro dos pressupostos da política participacionista do governo Montoro, a equipe da ex-secretária Marta Godinho elaborou um programa denominado Trabalho com Forças Sociais, em que foram criados Conselhos de Bem-Estar Social com o objetivo de "desencadear um processo de ação articulada e integrada do órgão com as forças sociais, políticas e econômicas ao nível geral da cidade e ao nível regional, implementando mecanismos e canais que possibilitem a participação popular na atuação de Fabes, no que se refere às questões sociais do município", assim como "garantir a presença real e efetiva das forças sociais da cidade no processo de planejamento, avaliação, controle e reorientação da ação da Fabes" (Fabes, 1985).

Um ponto de destaque da proposta contida no programa da ex-Fabes com as forças sociais do município refere-se à preocupação em não institucionalizá-lo. Buscava-se estimular a manifestação de grupos que se expressavam como força social. Entendia-se força social como agrupamentos espontâneos, de organização natural, e por isso mesmo representativos, sendo importante preservar isso, daí a não institucionalização dos conselhos. As forças sociais organizadas seriam canais criados pela população e, portanto, legítimos. Deveriam ser respeitados e estimulados. Os documentos da época apresentam uma análise ingênua das tais forças, centrando a preocupação nos técnicos, nas suas posturas e nas novas estratégias de trabalho, de forma a não macular a pureza das forças da população evitando, a todo custo, riscos de cooptação e manipulação. Recomendava-se aproveitar os momentos de encontro do grupo e sua participação, mas interferindo o menos possível em sua dinâmica. A prática de implantação dos conselhos se revelou outra.

Os conselhos da Fabes se subdividiam em dois níveis: um das administrações regionais; o outro, do gabinete da Secretaria. No nível regional, os conselhos eram tidos como técnicos e heterogêneos, segundo a temática de atuação. No nível da Secretaria, eram um só conselho, centralizado e subdividido internamente por áreas de atuação: Menor, Habitação, Trabalho, Assistência Pública e Educação de Adultos. Segundo o projeto, o conselho deveria subsidiar a Secretaria na formulação das políticas, diretrizes e alternativas, sugerir prioridades, promover a integração entre a Fabes e demais órgãos públicos e entidades privadas atuantes na área do bem-estar social, avaliar a eficácia da ação do órgão, auxiliar a Secretaria na fiscalização dos serviços e na busca de recursos. Atribuía-se aos conselhos exclusivamente deveres e responsabilidades consultivas e opinativas, mas nada no campo deliberativo.

Os conselhos populares

Os anos 1980 trouxeram de volta ao cenário político a temática dos conselhos com nova polêmica. A conjuntura política do país demarcou o campo de debate em torno de duas propostas: como estratégia de governo, dentro das políticas da democracia participativa; como estratégia de organização de um poder popular autônomo, estruturado a partir de movimentos sociais da sociedade civil.

Os conselhos populares foram propostas dos setores da esquerda ou de oposição ao regime militar, e surgiram com papéis diversos tais como: organismos do movimento popular atuando com parcelas de poder junto ao executivo (tendo a possibilidade de decidir sobre determinadas questões de governo); organismos superiores de luta e de organização popular, gerando situações de duplo poder; organismos de administração municipal criados pelo governo para incorporar o movimento popular ao governo, no sentido de assumirem tarefas de aconselhamento, deliberação e/ou execução. A discussão sobre os conselhos populares nos anos 1980 tinha como núcleo central a questão da participação popular. Reivindicada pela sociedade civil ao longo das décadas de lutas contra o regime militar, havia vários entendimentos sobre o seu significado.

Os movimentos sociais de massa, não exclusivamente sindicais e nem exclusivamente político-partidários, eram elementos fundamentais para a construção dos conselhos populares representativos da população. Para os movimentos sociais, a constituição e participação em conselhos poderia significar um momento de organização e de direção das lutas políticas dispersas e fragmentadas. As conquistas parciais poderiam acumular-se em posições de poder e explicitar-se no conjunto do tecido social.

Dentre os conselhos populares que se destacaram no cenário urbano, vale registrar dois exemplos significativos: os conselhos populares de Campinas, no início dos anos 1980, e o de Saúde da Zona Leste de São Paulo. Este último criado em 1976, a partir do trabalho de sanitaristas nos postos de saúde daquela região, articulados ao Partido Comunista, mas, ao mesmo tempo, vivenciando o clima de participação gerado pelas Comunidades Eclesiais de Base da Igreja Católica. Os conselhos de Campinas desenvolveram-se também articulados aos programas das pastorais religiosas e deram origem ao movimento Assembleia do Povo.

Cumpre recordar também a importância dos conselhos em algumas experiências de gestão municipal que já se tornaram referências históricas, em que a participação popular era uma das diretrizes básicas, tais como Lages, em Santa Catarina (Conselho de Pais); Boa Esperança, no Espírito Santo (Conselho de Desenvolvimento Municipal); e Piracicaba, em São Paulo (gestão 1976-1982). Vale lembrar, ainda, a influência que algumas experiências de participação democrática exerceram no Brasil dos anos 1970, tais como as prefeituras de Bolonha, na Itália, e de Barcelona, na Espanha.

Ainda durante a gestão do ex-governador Franco Montoro, novas tentativas foram feitas em conselhos consideradas como exemplares na área da saúde (GEP/Urplan, 1984). Trata-se dos casos de Osasco e da Zona Leste de São Paulo. Devido à sua composição, estes conselhos passaram a ter características de conselhos populares, em contraposição a outros conselhos criados na mesma ocasião como decorrência da política de participação do governo Montoro (p. ex., Conselho do Menor, Conselho da Condição Feminina e outros no âmbito da própria administração pública, além do Conselho coordenador das Sociedades Amigos de Bairro criado em 1968 e bastante atrelado às políticas estatais).

Os Conselhos Populares de Saúde surgiram a partir da unificação de movimentos reivindicatórios na área da saúde e do saneamento, atuantes desde a década de 1970. Na realidade, inicialmente eles abarcavam mais reivindicações na área do saneamento, relativas à falta de infraestrutura urbana (água, esgoto etc.). Apesar da representatividade dos conselhos de saúde, eles eram desprovidos de autonomia na gestão dos seus recursos e não tinham poder deliberativo, dificultando o desempenho de uma de suas tarefas básicas e elementares: a da fiscalização.

Conselhos populares na administração petista (1989-1992)

O resultado das eleições municipais de novembro de 1988 recolocou a temática dos conselhos na pauta das discussões. Isso porque a vitória do Partido dos Trabalhadores (PT) em várias cidades brasileiras importantes — como São Paulo, Campinas, Santos, Santo André etc. — abriu a possibilidade de antigas propostas dos movimentos populares, relativas à participação na gestão da cidade, virem a se concretizar. Em São Paulo, durante a gestão da ex-prefeita Luíza Erundina (1989-1992), criaram-se vários conselhos consultivos, como o Conselho Tarifário, para a área dos transportes; o Conselho Municipal de Saúde, que teve o poder de definir a política de saúde; além dos conselhos na área da educação e do idoso.

A questão da criação dos conselhos na gestão petista não foi tão simples, porque havia várias propostas e muitas questões polêmicas. As principais, que estiveram envolvidas no debate sobre os Conselhos Populares (CPs), no período 1989-1992, foram: a definição do papel dos CPs, seu caráter e objetivos; sua competência e atribuições; as formas de organizá-los e sua composição. Para alguns, os CPs seriam instrumento para viabilizar propostas e projetos mais abrangentes que apontassem para uma nova sociedade; para outros, os CPs seriam formas de transformar a administração pública, a partir de uma nova filosofia administrativa moderna, adaptada aos tempos em que o conflito social tem que encontrar arenas próprias de luta.

No âmbito das atribuições e competência dos CPs, as propostas eram mais uniformes. Exemplificando, um dos documentos assinalava: os CPs devem "fiscalizar e auxiliar a administração pública no processo de gestão para melhoria do serviço público; ser restauradores da influência direta do cidadão comum nos negócios da cidade; participar das decisões do que fazer com as verbas; colaborar na elaboração de políticas, leis e programas de interesse público; desenvolver atividade permanente e paralela na elaboração de diretrizes, ações e decisões dotadas de legitimidade própria etc." (PT, 1989 e Gohn, 1990).

Quanto ao lugar dos CPs na relação povo-governo, existia certo consenso: "eles devem ser autônomos e independentes, não devem fazer parte do complexo institucional da prefeitura; devem ter peso e voz como elemento político externo à administração municipal". A questão central era: quem criaria os CPs? Para alguns, essa era uma tarefa do Partido, mediante a fomentação de eixos de mobilização popular que criassem espaços para o seu lançamento; para outros, a prefeitura deveria impulsioná-los, a partir da necessidade real de cada bairro. O debate era confuso. Havia argumentos contrários à atuação dos partidos, entre alas do clero católico que militavam junto aos movimentos; elas reivindicavam a sua criação pela própria sociedade civil, sem especificar por meio de quais organismos. O curioso é que, embora existissem posições afirmando que os CPs não deveriam substituir os movimentos populares, mas vir a fortalecê-los, não encontramos nos documentos posições claras defendendo sua criação pelos próprios movimentos, embora estes tivessem elaborado propostas a respeito. As colocações mais próximas afirmavam: "os CPs devem ser expressões do movimento popular". Na realidade a relação movimento/CPs não era clara, assim como a operacionalização dos CPs em vários níveis (regional, central, por problemáticas etc.). Argumentava-se que os CPs poderiam canalizar as energias das organizações populares para estruturas burocratizadas. Indagava-se como se materializaria a atuação dos CPs de forma unificada sem estruturar cargos, comissões, representações, delegações etc. Disso resultavam outras questões: quem participaria dos CPs e qual seria a sua composição interna? Não havia consenso. Para alguns, deveria haver um corte de classe: as organizações patronais seriam totalmente excluídas. Outros admitiam a participação de pequenos empresários, desde que eleitos no bairro. O fato de os CPs terem recortes partidários conflitava com a orientação para que fossem unitários.

Quanto ao caráter necessariamente deliberativo dos CPs, indagava-se: se eles não faziam parte do corpo das instituições governamentais, se não eram órgãos de poder paralelo e se não pretendiam estar acima dos poderes constituídos, qual era o seu poder efetivo? A resposta exigia a redefinição também da esfera governamental, do seu papel e atribuições como gestora da coisa pública. Sem a definição dessas questões, considerava-se que se teria conselhos populares bem estruturados, mas pairando no ar. Esse problema, quando articulado ao elenco de questões anteriores, levava a outros problemas relevantes na época, tais como a composição dos CPs e a forma de sua constituição. O dilema era definir se os CPs deveriam ser constituídos por participantes de organizações (formais ou informais) e de movimentos sociais organizados, ou por representantes diretos da população de um bairro, região ou da cidade como um todo. No primeiro caso, a representação seria por meio de organismos institucionalizados ou com algum grau de estruturação em entidades já organizadas. O destaque, nesse caso, refere-se à base dos CPs: os movimentos sociais. No segundo caso, a questão da representação era mais complicada, à medida que haveria uma duplicação das funções dos vereadores, podendo configurar-se um poder paralelo à Câmara Municipal. Tudo dependeria de como os CPs se posicionariam junto à administração municipal.

Os Conselhos de Representantes (CRs)

O Conselho de Representantes foi proposto em 1989 e criado pela Lei Orgânica do Município de São Paulo, em 1990 (Título III, capítulo I do Poder Legislativo, seção VII; e capítulo II do Poder Executivo, Seção IV), como um espaço público não estatal no âmbito de subprefeituras, como forma de descentralização político-administrativa do governo da cidade de São Paulo. Pela lei, compete aos conselhos participar do planejamento municipal, em especial das propostas de diretrizes orçamentárias e do orçamento municipal, bem como do Plano Diretor da cidade. Compete-lhes ainda participar, em nível local, da fiscalização da execução do orçamento e demais atos da administração municipal, assim como encaminhar ao Executivo e à Câmara Municipal questões relacionadas ao interesse da população local. O subprefeito tem, na Lei Orgânica, o papel de interlocutor entre o prefeito e o conselho, pois ele deve sempre sugerir atos à administração municipal, com a aprovação do Conselho de Representantes (art. 78, § II, do cap. II).

Ocorre que os CRs, para entrar em funcionamento, dependem de iniciativa da Câmara Municipal e, desde que foram criados até o final de 2000, permaneceram no papel, como lei no aguardo de regulamentação. Além disso, a cidade de São Paulo é subdividida territorialmente, desde 1968, para efeito administrativo, em Administrações Regionais, não em subprefeituras. Uma nova lei é necessária para mudar esta divisão.

Em 2000, ano de pleito eleitoral, o tema do conselho de representantes voltou à pauta do debate paulistano. Todos passaram a discutir e propor projetos de lei à Câmara Municipal no sentido de regulamentar os CRs. O Cepam, o Instituto de Estudos Avançados da USP (IEA/USP), a PUC, a FGV, o Instituto Florestan Fernandes, parlamentares, administradores públicos e muitos outros criaram grupos de estudo e formularam propostas. A vereadora Aldaíza Sposati, do PT, elaborou uma proposta em que os conselhos são vistos como instâncias locais de representação coletiva da sociedade civil, reconhecidos pelo poder público, mas não subordinado ao Estado, à prefeitura municipal propriamente dita. Trata-se de uma esfera pública não estatal, com caráter público e interlocutor reconhecido pelo governo municipal. Pela proposta da vereadora, os membros do conselho devem ser eleitos, regionalmente, pelo voto direto na representação de 1 para 20 mil eleitores, e as regiões mais densas devem ter mais conselheiros; incluíam-se os jovens de 16 anos porque eles podem votar; os CRs funcionariam como um colegiado sem presidente, mas com coordenadores temáticos. Pela proposta, o conselho é organizado por câmaras temáticas e constitui um fórum competente de elaboração do orçamento participativo (OP). A proposta destaca ainda que os CRs não substituiriam os demais conselhos de direitos existentes, nem os delegados do OP.

O IEA/USP, em um de seus debates, listou as principais questões sobre os CRs, que iam de uma melhor definição de seu caráter e natureza a pontos relativos ao seu funcionamento, em termos de estrutura, composição, atribuições, forma de provimento, tempo de mandato, número de membros, frequência das reuniões, horários de funcionamento, modo de funcionamento interno, prazos, etapas e critérios para implantação etc. Em janeiro de 2001, a comissão da USP apresentou uma proposta de CRs à Câmara dos Vereadores de São Paulo.

5

Os conselhos gestores no urbano: impactos, limites e possibilidades

Novidades nos conselhos gestores: conselhos como forma de gestão pública

Este capítulo objetiva realizar um estudo sobre a forma do conselho na gestão de políticas urbanas na atualidade. Os conselhos gestores são analisados quanto às novidades e inovações que trouxeram, assim como às suas metas, problemas, obstáculos, desafios políticos e impactos na gestão das políticas sociais urbanas. Destacam-se nas inovações o fato de os conselhos conterem a possibilidade de reordenação das políticas públicas brasileiras na direção de formas de governança democráticas. Nos municípios, os conselhos municipais temáticos são analisados como um dos principais resultados das recentes reformas municipais; elas têm buscado instaurar um regime de ação política de tipo novo, com uma maior interação entre o governo e a sociedade.

De fato, os conselhos gestores foram a grande novidade nas políticas públicas ao longo dos anos. Com caráter interinstitucional, eles têm o papel de instrumento mediador na relação sociedade/Estado e estão inscritos na Constituição de 1988, e em outras leis do país, na qualidade de instrumentos de expressão, representação e participação da população. Sabemos que essa Constituição adotou como princípio geral a cidadania e previu instrumentos concretos para seu exercício via a democracia participativa. Leis orgânicas específicas, pós-1988, passaram a regulamentar o direito constitucional à participação por meio de conselhos deliberativos, de composição paritária, entre representantes do Poder Executivo e de instituições da sociedade civil. Desde então, um número crescente de estruturas colegiadas passou a ser exigência constitucional em diversos níveis das administrações (federal, estadual e municipal). As reformas operadas no Estado brasileiro, na última década, articulou a existência de conselhos ao repasse de recursos financeiros do nível federal ao estadual e ao municipal. Muitos deles já foram criados, a exemplo dos conselhos circunscritos às ações e aos serviços públicos (saúde, educação e cultura) e aos interesses gerais da comunidade (meio ambiente, defesa do consumidor, patrimônio histórico-cultural), assim como aos interesses de grupos e camadas sociais específicos como, crianças e adolescentes, idosos, mulheres etc. Em Salvador, Bahia, há até um Conselho Municipal do Carnaval (Heber, 2000), com um importante papel na vida sociocultural da cidade.

Os conselhos gestores são importantes porque são fruto de lutas e demandas populares e de pressões da sociedade civil pela redemocratização do país. Por terem sido promulgados no contexto de uma avalanche de reformas do Estado, de caráter neoliberal, vários analistas e militantes de movimentos sociais desacreditaram os conselhos enquanto possibilidade de participação real, ativa, esquecendo-se de que eles foram reivindicados e propostos pelos movimentos em passado recente. As novas estruturas inserem-se na esfera pública e, por força de lei, integram-se aos órgãos públicos vinculados ao Poder Executivo, voltados para políticas públicas específicas, responsáveis pela assessoria e suporte ao funcionamento das áreas onde atuam. Eles são compostos, portanto, por representantes do poder público e da sociedade civil organizada.

Os conselhos gestores são diferentes dos conselhos comunitários populares — tratados no capítulo anterior — ou dos novos fóruns civis não governamentais, porque estes últimos são compostos exclusivamente de representantes da sociedade civil, cujo poder reside na força da mobilização e da pressão e, usualmente, não possuem assento institucionalizado junto ao poder público. Os conselhos gestores são diferentes também dos conselhos de "notáveis" existentes em algumas áreas do governo — como educação, saúde etc. — pelo fato de eles serem formas de assessoria especializadas e incidirem na gestão pública de forma indireta.

No nível federal, Draibe (1998) destacou oito áreas públicas em que existem conselhos gestores, com a presença de 27 conselhos nacionais de políticas setoriais, conforme segue a tabela das p. 90 e 91.

Para a implementação dos conselhos, eles dependem de leis ordinárias estaduais e municipais. Em algumas áreas, essas leis já foram estabelecidas, ou há prazos para sua criação. Os conselhos gestores são novos instrumentos de expressão, representação e participação; em tese, eles são dotados de potencial de transformação política. Se efetivamente representativos, poderão imprimir um novo forma-

Conselhos nacionais de políticas setoriais

ÁREA	CONSELHO	SIGLA	INSERÇÃO INSTITUCIONAL
Trabalho	Conselho Nacional do Trabalho	CNT	Min. Trabalho
	Conselho Deliberativo do FGTS	Codefat	Min. Trabalho
	Conselho Curador do FGTS	CCFGTS	Min. Trabalho
	Conselho Nacional de Imigração	CIMG	Min. Trabalho
Educação	Conselho Nacional de Educação	CNE	Independente
	Conselho de Reitores das Universidades Brasileiras	CRUB	Independente
	Conselho Nacional dos Secretários de Educação	Consed	Independente
	União Nacional dos Dirigentes de Educação	Undime	Independente
Assistência social	Conselho Nacional de Assistência Social	CNAS	MPAS
	Fórum Nacional de Secretários Estaduais de Assistência Social	Fonseas	Independente
	Fórum Nacional de Secretários Municipais de Assistência Social	Fongemas	Independente
	Conselho do Programa Comunidade Solidária	CS	Casa Civil/Pres. RepMPAS
Previdência social	Conselho Nacional de Previdência Social	CNPS	MPAS
	Conselho Nacional de Seguridade Social	CNSS	MPAS

Previdência social	Conselho de Gestão de Previdência Complementar	CGPC	MPAS
	Conselho de Recursos de Previdência Complementar	CRPC	MPAS
Conselhos de direitos	Conselho de Defesa dos Direitos da Pessoa Humana	CDDPH	Min. Justiça
	Conselho Nacional dos Direitos da Mulher	CNDM	Min. Justiça
	Conselho Nacional dos Direitos da Criança e do Adolescente	Conada	Min. Justiça
	Conselho Federal Gestor do Fundo de Defesa dos Direitos Difusos	CFGDDD	Min. Justiça
	Conselho da Cooordenadoria Nacional para Integração das Pessoas Portadoras de Deficiência	Corde	Min. Justiça
Cultura	Conselho Nacional de Política Cultural	CNPC	Min. Cultura
Saúde	Conselho Nacional de Saúde	CNS	Min. Saúde
	Conselho Nacional dos Secretários de Saúde	Conasem	Independente
	Conselho Nacional dos Secretários Estaduais de Saúde	Conass	Independente
Ciência e tecnologia	Conselho Nacional de Ciência e Tecnologia	CNTC	Min. C. & Tec.
Meio Ambiente	Conselho Nacional do Meio Ambiente	Conama	Min. Meio Ambiente

Fonte: Draibe (1998)

to às políticas sociais, pois se relacionam ao processo de formação das políticas e tomada de decisões. Com os conselhos, gera-se uma nova institucionalidade pública. Eles criam uma nova esfera social-pública ou pública não estatal. Trata-se de um novo padrão de relações entre Estado e sociedade, porque eles viabilizam a participação de segmentos sociais na formulação de políticas sociais e possibilitam à população o acesso aos espaços nos quais se tomam as decisões políticas. Se o Estado e as políticas neoliberais "desconstroem" o sentido do público, retirando sua universalidade e remetendo para o campo do assistencialismo e da lógica do consumidor usuário de serviços, os conselhos têm a possibilidade de reaglutinarem esses direitos fragmentados, reconstituindo os caminhos de construção da cidadania que está sendo esfacelada.

A legislação em vigor no Brasil preconiza, desde 1996, que para o recebimento de recursos destinados às áreas sociais, os municípios devem criar seus conselhos gestores. Isso explica por que a maioria dos conselhos municipais surgiu após essa data (em 1998, dos 1.167 conselhos existentes nas áreas da educação, assistência social e saúde, 488 deles haviam sido criados após 1997; 305 entre 1994-1996; e apenas 73 antes de 1991). Nas leis federais as áreas básicas dos conselhos gestores são: educação, assistência social, saúde, habitação, criança e adolescentes e emprego. Na esfera municipal, têm sido criados outros tipos ligados a políticas urbanas, políticas agrícolas, cultura, negro, portadores de deficiências físicas, idosos, meio ambiente, direitos das mulheres etc.

É importante destacar que a lei federal preconiza seu caráter deliberativo, parte do processo de gestão descentralizada e participativa, e os constitui como novos atores deliberativos e paritários. Apesar disso, vários pareceres oficiais têm assinalado e reafirmado o caráter apenas consultivo dos conselhos, restringindo suas ações ao campo da opinião, da consulta e do aconselhamento, sem poder de decisão ou deliberação. A lei vinculou-os ao Poder Executivo do município, como órgãos auxiliares da gestão pública. É preciso, portanto, que se reafirme em todas as instâncias seu caráter essencialmente deliberativo, porque a opinião apenas não basta. Nos municípios sem tradição organizativo-associativa, os conselhos têm sido apenas uma realidade jurídico-formal, e muitas vezes um instrumento a mais nas mãos dos prefeitos e das elites, falando em nome da comunidade, como seus representantes oficiais, não atendendo minimamente aos objetivos de se tornarem mecanismos de controle e fiscalização dos negócios públicos.

O atual debate sobre os conselhos gestores

Várias questões implícitas no debate sobre novos conselhos são da mesma natureza das que estiveram presentes no debate sobre os conselhos populares: qual o seu papel e a sua natureza? Devem ser organismos apenas consultivos ou também deliberativos? etc. A necessidade de se intervir neste debate e nas discussões sobre a própria implantação dos conselhos decorre das várias lacunas hoje existentes, tais como: criação de mecanismos que garantam o cumprimento de seu planejamento; instrumentos de responsabilização dos conselheiros por suas resoluções; estabelecimento claro dos limites e das possibilidades decisórias às ações dos conselhos; ampla discussão sobre as restrições orçamentárias e suas origens; existência de uma multiplicidade de conselhos no município, todos criados recentemente, competindo entre si por verbas e espaços políticos; não existência de ações coordenadas entre eles etc.

Além das lacunas existentes, existem duas posições em relação ao papel central dos conselhos, a saber: a primeira circunscreve-os no plano da consulta, preocupa-se com a demarcação de sua atuação em relação ao Legislativo, defende que eles se limitem a auxiliares do Poder Legislativo. A segunda postula que eles atuem como órgãos de fiscalização do Executivo, conforme uma perspectiva e modelo de gestão descentralizada; preconiza que operem dentro das decisões tomadas em sua área. Esta segunda posição implica um estilo de governo que tenha como diretrizes e eixos fundamentais as questões da participação e da cidadania; um governo que aceite os conflitos como parte do jogo de interesses em uma democracia. Portanto, o papel dos conselhos incide na discussão sobre as estratégias de gestão pública de uma forma geral e sobre o caráter das próprias políticas públicas em particular (vide Caccia-Bava e Borja, 2000). Cabe ao Ministério Público zelar pela efetiva implementação e funcionamento dos conselhos. Os conselhos podem, também, acionar o Ministério ao detectar alguma irregularidade.

O que fazer para fortalecer os conselhos e interferir no cenário em que se desenvolvem? De um lado, observa-se que a operacionalização não plena dessas novas instâncias democratizantes se dá devido à falta de tradição participativa da sociedade civil em canais de gestão dos negócios públicos; a curta trajetória de vida desses conselhos e, portanto, a falta de exercício prático (ou até a sua inexistência); e ao desconhecimento — por parte da maioria da população, de suas possibilidades (deixando-se espaço livre para que eles sejam ocupados e utilizados como mais um mecanismo da política das velhas elites, e não como um canal de expressão dos setores organizados da sociedade). De outro lado, a existência de concepções oportunistas, que não se baseiam em postulados democráticos e veem os conselhos apenas como instrumentos/ferramentas para operacionalizar objetivos predefinidos tem feito dessa área um campo de disputa e tensões.

Acreditamos que os conselhos criam condições para um sistema de vigilância sobre a gestão pública e implicam maior cobrança de prestação de contas do Poder Executivo, principalmente no nível municipal. Por isso, certas questões são muito relevantes no debate atual sobre a criação e implementação dos conselhos gestores, tais como: a representatividade qualitativa dos diferentes segmentos sociais, territoriais e de forças políticas organizadas em sua composição; o percentual quantitativo, em termos de paridade, entre membros do governo e membros da sociedade civil organizada que o compõe; o problema da capacitação dos conselheiros — mormente os advindos da sociedade civil; o acesso às informações (e à sua decodificação) tornando públicas as ações dos conselhos; a fiscalização e o controle sobre os próprios atos dos conselheiros; o poder e os mecanismos de aplicabilidade das decisões do conselho pelo Executivo e outros etc.

As questões da representatividade e da paridade constituem problemas cruciais a ser melhor definidas nos conselhos gestores de uma forma geral. Os problemas decorrem da não existência de critérios que garantam uma efetiva igualdade de condições entre os participantes. Alguns analistas têm sugerido que a renovação do mandato dos conselheiros seja parcial, para não coincidir com o mandato dos dirigentes e alcaides municipais e para que fiquem desacoplados dos períodos dos mandatos eleitorais. O fato de as decisões dos conselhos terem caráter deliberativo não garante sua implementação efetiva, pois não há estruturas jurídicas que deem amparo legal e obriguem o Executivo a acatar as decisões dos conselhos (mormente nos casos em que essas decisões venham a contrariar interesses dominantes). Outro ponto relevante em relação à representatividade é o de que um representante que atua em um conselho deve ter vínculos permanentes com a comunidade que o elegeu.

Em relação à paridade, ela não é uma questão apenas numérica, mas de condições de uma certa igualdade no acesso à informação, disponibilidade de tempo etc. A disparidade de condições para a participação em um conselho de membros advindos do governo daqueles advindos da sociedade civil é grande. Os primeiros trabalham em atividades dos conselhos durante seu período de expediente de trabalho normal remunerado, têm acesso aos dados e informações, têm infraestrutura de suporte administrativo, estão habituados com a linguagem tecnocrática etc. Ou seja, eles têm o que os representantes da sociedade civil não têm (pela lei, os conselheiros municipais não são remunerados nem contam com estrutura administrativa própria). Faltam cursos ou capacitação aos conselheiros de forma que a participação seja qualificada em termos, por exemplo, da elaboração e gestão das políticas públicas; não há parâmetros que fortaleçam a interlocução entre os representantes da sociedade civil com os representantes do governo. É preciso entender o espaço da política para que se possa fiscalizar e também propor políticas; é preciso capacitação ampla que possibilite a todos os membros do conselho uma visão geral da política e da administração. Usualmente eles atuam em porções fragmentadas, que não se articulam (em suas estruturas) sequer com as outras áreas ou conselhos da administração pública.

Diversidade de significados dos conselhos

A análise dos conselhos nos levou a pesquisar sobre:

- a diversidade quanto ao próprio conceito de participação e de gestão;
- o sentido dos conselhos no universo e realidade das políticas sociais atuais;
- o impacto dos conselhos enquanto mecanismo inovador na gestão pública, no âmbito institucional e na esfera da participação da sociedade civil.

Para esclarecer essas questões, buscamos amparo nas fontes teórico-metodológicas tratadas na primeira parte deste livro. Mas na análise empírica, é necessário munir-se de um conjunto de recursos e de instrumentos metodológicos operacionais de campo, de forma a avaliar a natureza do conselho que se está estudando e seu significado no conjunto das forças sociais de uma dada localidade. Para tal, deve-se conhecer:

a) a constituição estrutural dos conselhos e sua natureza decisória, a forma como ele foi (ou está sendo) organizado (deliberativa ou apenas conselheira/consultiva);

b) dada sua existência, a relação que estabelece entre o governo e a sociedade civil (principalmente com os movimentos sociais e com as entidades não governamentais);

c) as fronteiras entre sociedade e governo (poder local, basicamente);

d) a forma de combinação entre a democracia direta e indireta nos conselhos.

Alguns estudos já têm apontado:

1. uma tensão entre a universalização das políticas dos direitos e a ênfase na focalização das políticas dos conselhos (leia-se particularismo);
2. dificuldades de articular forças sociais divergentes sem ter um ponto ou marco referencial estratégico;
3. dificuldade de articular o público estatal e o público não estatal;
4. fraca participação da sociedade civil e absenteísmo dos membros governamentais;
5. necessidade de destacar aspectos da institucionalidade dos conselhos: facilitados e obstáculos às ações da sociedade civil frente ao Executivo municipal;
6. que os conselhos não podem ser vistos como substitutos da democracia representativa nem como braços auxiliares de Executivo, nem como substitutos da participação popular em geral.

A polêmica sobre os conselhos envolve problemas como:

- De um lado, eles são formas de descentralização do poder — demandada pela população —, mas de outro, eles são fruto da crise das instituições públicas e parte constitutiva das reformas estatais que implicam diminuição de custos e transferência de responsabilidade na solução dos problemas locais para os cidadãos, tratados como usuários ou clientes dos serviços públicos.

- São iniciativas para o desenvolvimento local sustentável e, para tal, implicam a existência de uma sociedade civil organizada; entretanto, às vezes, o próprio desempenho dessas atividades se contrapõe a algumas das funções que lhes foram pensadas originalmente, tais como a fiscalização das políticas públicas, pois eles se tornam parte destas políticas.
- A relação com o Poder Legislativo. Devemos nos lembrar de que os conselhos não substituem o Poder legislativo, porque eles se situam em áreas específicas e não têm poderes sobre questões gerais, como tem o Poder Legislativo.

Necessidade e lacunas

A partir do inventário de temas, problemas, dúvidas e indagações listadas acima, podemos sistematizar os seguintes pontos:

1. falta uma definição mais precisa das competências e atribuições dos conselhos gestores;
2. deve-se cuidar da elaboração de instrumentos jurídicos de apoio às suas deliberações;
3. deve haver uma definição mais precisa do que seja participação de um representante nos conselhos

gestores. Nós a entendemos como o processo mediante o qual as diferentes camadas sociais da população têm acesso aos espaços de definir e avaliar as políticas públicas, especialmente as de caráter social;

4. há necessidade de capacitação dos conselheiros (inclusive com cursos, seminários, trocas de experiências, fóruns, espaços culturais, eventos etc.). A participação, para ser efetiva, precisa ser qualificada, ou seja, não basta a presença numérica das pessoas porque o acesso está aberto. É preciso dotá-las de informações e de conhecimentos sobre o funcionamento das estruturas estatais. Não se trata, em absoluto, de integrá-la, incorporá-las à teia burocrática. Elas têm o direito de conhecer essa teia para poder intervir de forma a exercitar uma cidadania ativa, não regulada, outorgada, passiva;
5. os representantes da população têm que ter igualdade de condições para participar, tais como as já citadas em parágrafo anterior: acesso às informações (codificadas nos órgãos públicos) e algum tipo de remuneração para sua atividade.

A universidade tem um grande campo de trabalho para ajudar na superação dessas lacunas. Pesquisas recentes do observatório IPPUR/Fase constataram que há várias instituições desenvolvendo cursos de capacitação para os conselheiros sobre políticas municipais específicas. Entretanto, as pesquisas mostraram também que o problema não está na ausência de conhecimento sobre as políticas municipais específicas, porque os conselheiros demonstraram domínio nas áreas temáticas em que atuam. As lacunas estão na ausência de capacitação em torno da elaboração e gestão de políticas públicas. Santos Jr. (2001), ao realizar pesquisa pioneira com conselheiros de municípios da Baixada Fluminense, constata que é alto o índice de associativismo/participação dos conselheiros, assim como o grau de instrução de uma grande porcentagem deles. O problema é que a maioria da população não participa nem está representada nos conselhos. Não tem vínculos associativos, não compõe o tal capital social denominado por Putnam. Nesse sentido, participar dos conselhos representa, também, uma forma de inclusão social. Eles habilitam os cidadãos ao exercício de seus direitos sociais e políticos.

Os conselhos gestores na gestão urbana

Na gestão urbana, propomos agrupar os conselhos gestores em quatro categorias:

1. os que se relacionam diretamente à chamada questão urbana por ser parte integrante do *locus* que configura o espaço urbano enquanto tal, ou seja, meio ambiente, moradia etc.;
2. os que decorrem da prestação de serviços urbanos por setores da administração: saúde, educação, transportes etc.;
3. os que abrangem as políticas focalizadas em grupos etários da população: idosos, crianças e jovens/

adolescentes; ou destinados a categorias específicas: mulheres, grupos étnicos ou raciais etc. Esses conselhos "localizam-se" no urbano (mas não são exclusivos deles) e atuam sobre problemas sociais que interferem diretamente na qualidade de vida no meio urbano;

4. uma quarta categoria é formada pelos conselhos na área da cultura. Apesar de a cultura ser uma das áreas da administração setorial, como uma das secretarias de Estado, ela é mais que um serviço. É uma força-motriz que cria e/ou estimula a energia coletiva de uma comunidade e de seus cidadãos.

Na primeira categoria, destacam-se as iniciativas relativas à questão da moradia, em especial a moradia popular. Na categoria dos conselhos de serviços, o Conselho Municipal de Transportes é um dos mais antigos. Ele surgiu, no caso de São Paulo, após as lutas de movimentos por transportes coletivos, ao final dos anos 1970, e a organização de câmaras colegiadas nos anos 1980. Os conselhos na área da educação apresentam, após 1996, muitas novidades — algumas decorrem da nova Lei de Diretrizes e Bases da educação; outras decorrem de políticas sociais advindas do novo modo de gestão estatal. Os conselhos "focalistas" são os que têm tido maior repercussão na sociedade, em especial junto à mídia, mas são também os mais frágeis em termos de recursos e infraestrutura de apoio. Citam-se o Conselho da Criança e do Adolescente (ECA), os Conselhos Tutelares — também de crianças e adolescentes; o Conselho da Condição Feminina e outras modalidades de conselhos voltados para o tema das mulheres.

6

Os conselhos municipais na área da educação

Finalizamos este livro com algumas considerações sobre os conselhos de uma área estratégica para o desenvolvimento social no século XXI e para a melhoria da qualidade de vida nas cidades: a educação. Focalizam-se os conselhos relativos à educação escolar do nível fundamental.

A escolha dos conselhos na educação foi feita dada a importância que essa área passou a ter na atualidade, no discurso e nas políticas governamentais, conferindo-se às escolas atributos que ultrapassam sua dimensão de ensino/aprendizagem para se transformar em espaços de socialização e de prestação de serviços públicos municipais, assim como o papel que a educação passou a ter no novo paradigma do mundo do trabalho. Desde 1995, o governo federal tem elaborado programas e diretrizes nacionais que têm provocado transformações profundas, do ponto de vista organizacional, nos diferentes níveis da educação brasileira. As diversas reformas educacionais gestadas em nível federal fornecem as bases para a implementação das políticas estaduais. A rede de ensino pública dos níveis fundamental e médio, nos estados brasileiros, em sua maioria é de responsabilidade estadual e municipal, havendo, excepcionalmente, a oferta pela União Federal (alguns cursos técnicos vinculados às universidades federais públicas). Usualmente a rede de atendimento à educação infantil (de 0 a 6 anos de idade) é de responsabilidade do município.

Na educação, o princípio da democracia participativa tem orientado, nos anos 1990, a criação de uma série de estruturas participativas, em que se destacam diferentes tipos de conselho (nacionais, estaduais e municipais). Esses órgãos têm ganho, crescentemente, grande importância, porque a transferência e o recebimento dos recursos financeiros pelos municípios estão vinculados, por lei federal, à existência desses conselhos. A lei preconiza três conselhos de gestão no nível do poder municipal, todos com caráter consultivo, ligados ao Poder Executivo, a saber: o Conselho Municipal de Educação, o Conselho de Alimentação Escolar e o Conselho de Acompanhamento e Controle Social (CACS) do Fundo de Manutenção e Desenvolvimento do Ensino Fundamental e de Valorização do Magistério (Fundef).

A mídia escrita divulgou que, entre junho de 1999 e junho de 2000, o Ministério da Educação recebeu 888 denúncias de irregularidade sobre o Fundef, envolvendo 315 municípios. O número de denúncias foi tão alto que levou a Câmara Federal dos deputados a mobilizar sua Comissão de Educação, Cultura e Desportos para realizar uma investigação visando realizar auditorias pelo Tribunal de Contas da União. Isto levou o governo federal a criar conselhos de fiscalização e quebrar, em setembro de 2000, o sigilo bancário das contas das prefeituras e dos governos estaduais em que são depositados os recursos do fundo. Há conselhos estaduais e municipais para o Fundef. Os estaduais, em número de 24 mais o Distrito Federal, no ano de 2000, tiveram duas reuniões gerais e solicitaram ao Ministério da Educação que fossem divulgadas todas as formas de transferências de recursos do Fundo para os estados e municípios, e seus respectivos valores, de forma a facilitar a tarefa de fiscalização que lhes é atribuída. Os conselheiros estaduais demandaram, ainda, a criação de um banco de dados que contenha informações sobre o funcionamento dos conselhos.

Os conselhos municipais são regulamentados por leis estaduais e federais, mas eles devem ser criados por lei municipal, sendo definidos como "órgão normativo, consultivo e deliberativo do sistema municipal de ensino", criados e instalados por iniciativa do Poder Executivo municipal. Eles são compostos por representantes do Poder Executivo e por representantes dos vários segmentos da sociedade civil local, destacando-se entidades e organizações não governamentais prestadoras de serviços ou de defesa de direitos, organizações comunitárias, sindicatos, associações de usuários, instituições de pesquisa etc. Parte dos membros dos conselhos é eleita por seus pares e parte é escolhida pelos representantes da administração pública. Todos eles devem ser nomeados pelo prefeito municipal. Esse fato confere força e legitimidade ao conselho, mas é também um ponto de fragilidade, dado os riscos que esta nomeação envolve. Por isso, a comunidade educativa que tem se reunido para debater a questão dos conselhos de representantes da sociedade civil junto ao poder público, a exemplo da iniciativa do Instituto de Estudos Avançados da

Universidade de São Paulo, enfatiza a necessidade de qualquer tipo de conselho ser eleitos por vários setores da sociedade civil e política.

No Estado de São Paulo, até 1998, dentre 625 municípios havia 191 conselhos municipais ativos, 66 criados e não ativos 182 programados, 33 sem previsão da data de criação, e 99 municípios não tencionavam criá-los (Fonte: CEE/SP). Lima (2000) alerta que, se os conselhos na área da educação não superarem os limites técnico-burocráticos e não pensarem a educação como um todo, eles atuarão como meros apêndices dos Conselhos maiores (Conselho Nacional de Educação — CNE — e Conselho Estadual de Educação — CEC).

O conselho municipal compõe, em conjunto com os outros dois conselhos, a rede das escolas propriamente dita, e a Secretaria Municipal da Educação (órgão executivo), o sistema municipal de ensino. Segundo a legislação, o município deve também elaborar um plano municipal de ensino que estabeleça metas objetivando obter, progressivamente, a autonomia das escolas, à medida que elas forem capazes de elaborar e executar seu projeto pedagógico garantindo a gestão democrática do ensino público.

Na tradição brasileira, a tendência dominante na área da educação é restringir o universo de atores a serem envolvidos no processo educacional a um só segmento da comunidade educativa: o da comunidade escolar, composta por dirigentes, professores, alunos e funcionários das escolas. Quando se fala em abertura das escolas para a comunidade, os pais são os atores por excelência. Em raros casos, lembram-se de outras instituições, organizações ou associações do próprio bairro ou da comunidade, que fazem articulações com a escola, como os sindicatos e as associações de docentes e outros. Parte desses atores também desconhece os espaços públicos de participação da sociedade civil nas novas políticas destinadas às áreas sociais, dando-se espaço para que as próprias autoridades não cumpram as leis. Um exemplo são os Conselhos Municipais de Alimentação Escolar (Comae), encarregados de fiscalizar as despesas com a merenda escolar e a qualidade dos alimentos. Eles são compostos por um representante do Poder Executivo indicado pelo prefeito; um do Poder Legislativo apontado pela mesa diretora da Câmara dos Vereadores; dois representantes dos professores indicados pelo sindicato da categoria; dois representantes de pais de alunos escolhidos pela associações de pais; e um representante da sociedade local. O que se destaca na criação do Comae é a forma como foi feita e o descaso das prefeituras no encaminhamento da questão. O governo federal, por meio do Fundo Nacional de Desenvolvimento da Educação (FNDE), promulgou medida provisória dando o prazo até 2 de setembro de 2000 para que todos os municípios brasileiros criassem os Comaes. O *Jornal Nacional*, da Rede Globo, noticiou, em 29 de agosto de 2000, que até aquela data dos 5.500 municípios brasileiros, 3.700 não haviam cumprido o prazo e estavam ameaçados de não receber os recursos. Na maioria dos 1.800 casos onde existiam, os conselhos foram criados antes da medida provisória. Com a pressão governamental, por meio da mídia, ameaçando a suspensão do envio de verbas para a merenda escolar, houve uma corrida para a formação dos conselhos, caracterizando um processo de participação outorgada, não fruto de um processo de cidadania ativa.

No interior das unidades escolares temos ainda o Conselho de Escola, o Conselho de Classe e de Série e o Grêmio dos Estudantes; são estruturas colegiadas de natureza diferente da dos conselhos gestores, mas são canais de participação importantes na mobilização da comunidade educativa para a melhoria da escola e da qualidade de vida do bairro. O Conselho de Escola incorpora representantes da comunidade local. Juntos, direção da escola, grêmio dos estudantes e conselho das escolas podem realizar: investigações sobre a realidade escolar e propor soluções; implantação de centros de estudos; organização de salas de leitura, sala de artes e outras atividades na área da cultura, esporte e lazer nas escolas, assim como utilização de dependências da escola pela comunidade local. A articulação direção/grêmio e conselho pode gerar uma gestão participativa que conheça melhor a própria comunidade escolar, seus saberes e práticas. Juntos podem fazer uma etnografia da escola e elaborar um projeto político-pedagógico renovado.

Os conselhos municipais na área da educação são inovações recentes, ainda não apropriados pela população como espaços reais de participação. Os conselhos ligados ao Fundef, por exemplo, deveriam fiscalizar a correta aplicação dos recursos desse fundo e, entretanto, a mídia tem registrado denúncias de desvio dos recursos e nas finalidades desse fundo. Os sindicatos preferem seus próprios canais, e entre os grupos e movimentos sociais mais organizados há dúvidas quanto à eficácia de participar de tais canais institucionalizados, assim como há dificuldades para assumir outros papéis mais propositivos e não apenas reivindicativos. As atribuições dos conselhos têm sido vistas por vários sindicatos e movimentos sociais como parte das políticas que buscam desonerar o Estado de sua obrigação com as áreas sociais; iniciativas para privatizar a educação por meio da transferência de suas responsabilidades — principalmente de ordem financeira — para a própria comunidade administrar a "miséria" ou criar/tomar iniciativas para resolver os problemas via parcerias, doações, trabalho voluntário etc. Mas na política não se pode ignorar a necessidade da busca do consenso; a participação nos conselhos gera convivência, estimula a manifestação do conflito, fruto das diferenças entre os pontos de vista de grupos, camadas e classes sociais diferentes, o que deve ser visto como algo natural e necessário em um contexto de participação democrática.

As possibilidades de atuação dos conselhos como mecanismos democráticos de gestão social são vistas com descrédito e desconfiança pelo sindicato dos professores da educação básica, e eles têm suas razões: são atores fundamentais para qualquer processo de reforma educacional, mas, de fato, não têm sido ouvidos nem consultados nas ações cotidianas elaboradas pela maioria dos poderes públicos que têm conduzido as reformas estaduais ou federais. Entretanto, ocupar espaços nos conselhos pode ser uma maneira de estar presente em arenas em que se decidem os destinos de verbas e prioridades na gestão de bens públicos; é uma forma de ser ouvido e de continuar lutando para transformar o Estado pela via da democratização das políticas públicas. Os conselhos devem ser espaço e mecanismo operativo a favor da democracia e do exercício da cidadania, em todo e qualquer contexto sociopolítico. Eles podem se transformar em aliados potenciais e estratégicos na democratização da gestão das políticas sociais.

Claude Lefort nos adverte: "É um grave erro supor que não existem alternativas políticas. Acho que a nossa época é de desafios. A maioria deles é encontrar meios de adaptação às mudanças tecnológicas, com suas consequências sobre a mão de obra, a mobilidade extrema no trabalho. Essa adaptação deveria ser compatível com as exigências de integração de grandes camadas da população; isso se faz criando laços sociais e reforçando as medidas de proteção social" (*Estado de S.Paulo*, p. D5, 1999, Caderno 2, Cultura). No Brasil, as medidas de proteção social estão sendo flexibilizadas ou desregulamentadas; os laços sociais estão enfraquecidos pela competição e por todas as modalidades de violência.

Uma sociedade civil participativa, autônoma, com seus direitos de cidadania conquistados, respeitados e exercidos em várias dimensões, exige também vontade política dos governantes, principalmente daqueles eleitos representantes do povo, pois trata-se de uma tarefa que não é apenas dos cidadãos isolados. As dificuldades de representatividade nos diversos tipos de conselho da área da educação decorrem também da não transparência das gestões públicas — dado o fato de não tornarem públicas as informações. Na luta pela igualdade, a sociedade deve se organizar politicamente para acabar com as distorções do mercado (e não apenas corrigir suas iniquidades) e lutar para coibir os desmandos dos políticos e administradores inescrupulosos. A exigência de uma democracia participativa deve combinar lutas sociais com lutas institucionais, e a área da educação é um grande espaço para essas ações, via a participação nos conselhos.

7

Considerações finais:
breve balanço sobre os conselhos

Ao longo deste livro, pudemos observar que o debate sobre os conselhos, como instrumento de exercício da democracia, esteve presente entre setores liberais e de esquerda (em suas diferentes matizes). A diferença é que eles são pensados como instrumentos ou mecanismos de colaboração pelos liberais; e como vias ou possibilidades de mudanças sociais, no sentido de democratização das relações de poder, pela esquerda. Para Hannah Arendt, os conselhos são a única forma possível de um governo horizontal, um governo que tenha como condição de existência a participação e a cidadania. Em *Crises da República*, ela afirmou que os conselhos poderiam ser não apenas uma forma de governo, mas também uma forma de Estado (Arendt, 1973).

Que pontos podemos destacar de um tema tão polêmico e com referências históricas tão díspares como os conselhos? Sem a intenção de fazer generalizações ou comparações, propomos as observações a seguir.

Os conselhos gestores são *instrumentos* de determinados *processos políticos e constituem inovações institucionais na gestão de políticas sociais no Brasil*. Esses processos podem ter diferentes objetivos, contribuir para mudanças sociais significativas ou auxiliar a consolidação de estruturas sociais em transição ou sob o impacto de fortes pressões sociais. A qualificação e o desenrolar do processo em que ocorre uma experiência de conselho é que nos informa sobre a sua natureza, e não a existência dos conselhos em si. Os conselhos poderão ser tanto instrumentos valiosos para a constituição de uma gestão democrática e participativa, caracterizada por novos padrões de interação entre governo e sociedade em torno de políticas sociais setoriais, como poderão ser também estruturas burocráticas formais e/ou simples elos de transmissão de políticas sociais elaboradas por cúpulas, meras estruturas para transferência de parcos recursos para a comunidade, tendo o ônus de administrá-los; ou ainda instrumentos de acomodação dos conflitos e de integração dos indivíduos em esquemas definidos previamente. Disso resulta que os conselhos são espaços com caráter duplo: implicam, de um lado, a ampliação do espaço público — atuando como agentes de mediação dos conflitos remando, portanto, contra as tendências das políticas neoliberais de suprimir os espaços de mediação dos conflitos; mas, de outro lado, dependendo da forma como são compostos, poderão eliminar os efeitos do *empowerment*, do sentido de pertencer dos indivíduos, e reafirmar antigas práticas herdeiras do fisiologismo. Como tal, carregam contradições e contraditoriedades. Tanto podem alavancar o processo de participação sociopolítica de grupos organizados, como estagnar o sentimento de pertencer de outros

— se monopolizados por indivíduos que não representem, de fato, as comunidades que os indicaram/elegeram. Eles não substituem os movimentos de pressão organizada de massas, ainda necessários para que as próprias políticas públicas ganhem agilidade.

Se representativos, os conselhos poderão alterar progressivamente a natureza do poder local. À medida que eles se tornem atuantes, fiscalizadores das ações do poder público e denunciadores dos *lobbies* econômicos que pressionam e dominam os aparelhos estatais, eles estarão construindo as bases de uma gestão democrática. Atualmente, muitos de nossos administradores públicos tendem a conduzir as políticas sociais no campo da filantropia, da assistência, esvaziando o sentido público do caráter de uma política pública. Com isso, há um retraimento da responsabilidade pública, um apelo à moral, à solidariedade, remetendo as ações ao campo do assistencialismo, do voluntariado, do burocratismo e até mesmo do velho clientelismo. Os direitos se transformam em benefícios concedidos. Tende-se a restringir o campo da cidadania, retirando ou cerceando os direitos e ampliando os deveres. Resulta que esses administradores pouco inovam, a despeito das inovações existirem nas novas práticas associativas geradas pela sociedade civil e nos novos campos institucionais, previstos em lei, contemplados nas reformas estatais realizadas nos anos 90 (registre-se que nem todas as reformas dessa década foram de cunho neoliberal; várias delas deram sequências às diretrizes da Constituição de 1988, que contemplou inúmeros avanços no campo da democracia).

Os conselhos têm como arena principal de atuação as esferas do consumo e da distribuição de bens, serviços e equipamentos públicos. Entretanto, eles podem interferir na esfera do processo de produção e gestão desses bens e na qualidade dos serviços públicos prestados, principalmente nas áreas sociais, como as da educação, saúde, habitação e transportes coletivos. A área da cultura também pode ser um espaço importante para o desenvolvimento dos conselhos, pelo fato de gerar o sentido de pertencer, identidades e de resgatar a memória coletiva dos grupos, além de desenvolver a autoestima dos indivíduos. É uma área que contribui para o combate às diferentes formas de violência presentes na sociedade.

Enquanto elemento de um novo modo de governança democrática na gestão dos negócios públicos, principalmente em âmbito local, os conselhos gestores fazem parte de um novo modelo de desenvolvimento que está sendo implementado em todo o mundo — da gestão pública estatal via parcerias com a sociedade civil organizada objetivando a formulação e o controle de políticas sociais. Em uma sociedade marcada por inúmeros processos de exclusão social e de baixos níveis de participação política do conjunto da população, os conselhos assinalam para possibilidades concretas de desenvolvimento de um espaço público, que não se resume e não se confunde com o espaço governamental/estatal. A possibilidade da sociedade civil intervir na gestão pública, via parcerias com o Estado, representa a instauração de um novo padrão de interação entre governo e sociedade; novas arenas de intermediação e novos mecanismos decisórios implantados poderão ter a capacidade de incorporar uma grande pluralidade de atores e de diferentes interesses.

Em suma, as diferentes modalidades de conselhos, incluindo-se os conselhos gestores, foram conquistas dos movimentos populares e da sociedade civil organizada. Eles são um instrumento de representação da sociedade civil e política. Por lei, devem ser também um espaço de decisão. Mas, *a priori*, são apenas espaços virtuais. Para que eles tenham eficácia e efetividade na área em que atuam, e na sociedade de uma forma geral, destacamos neste livro que é necessário desenvolver algumas condições e articulações, tais como: dar peso político a essa representatividade e consequência à luta dos segmentos sociais que acreditaram e lutaram pela democratização dos espaços públicos; que haja aumento efetivo de recursos públicos nos orçamentos destinados aos conselhos e não apenas complementações pontuais de ajustes; os conselhos têm que ser paritários não apenas numericamente, mas também nas condições de acesso e de exercício da participação; a médio prazo, eles necessitam instituir formas próprias de pensar a cidade e seus problemas para além dos "planejamentos estratégicos", de caráter emergencial, que diagnosticam para selecionar/priorizar as urgências. Os conselheiros devem ter cursos de formação e atualização enquanto sujeitos políticos, que precisam ter como referência um modelo de participação social cidadão — com pluralidade e que respeite as diversidades culturais e as diferenças de raça, etnia, sexo, geração etc. respaldado por um projeto emancipatório, que vislumbre mudanças na sociedade a médio e longo prazo, e não se circunscrevam às ações imediatistas da conjuntura; deve-se também criar algum tipo de pré-requisito mínimo para que um cidadão se torne um conselheiro, principalmente no que se refere ao entendimento do espaço que ele vai atuar, assim como um código de ética e posturas diante dos negócios públicos; deve-se ter uma forma de acompanhar as ações dos conselhos e de se revogar e destituir qualquer membro que cumpra suas funções durante seu mandato; portanto, o exercício dos conselhos deve ser passível de fiscalização e avaliação. Finalmente, eles devem ter capacidade e poderes normativos de decisão, e não se implantar como mera instância consultiva e opinativa.

Concluímos assinalando a necessidade de pesquisas e avaliações sobre o desempenho dos diferentes tipos de conselho e, em especial, os gestores. Por ser fenômenos recentes, pouco conhecemos ainda sobre a natureza de sua realidade operacional. Por isso, no estágio atual, tendemos a ser mais argumentativos em relação às suas qualidades, virtualidades e potencialidades, e talvez não suficientemente críticos em relação aos seus problemas. Diagnosticar e analisar os impactos das ações dos conselhos, sobre a sociedade e sobre o próprio Estado, são caminhos essenciais para a compreensão do processo de construção da cidadania, assim como para avaliar as possibilidades de um aprofundamento do processo de democratização da sociedade brasileira.

Bibliografia

ALTVATER, Elmar. Os desafios da globalização e da crise ecológica para o discurso da democracia e dos direitos humanos. In: HELLER, A. et al. *A crise dos paradigmas em ciências sociais e os desafios para o século XXI*. Rio de Janeiro: Contraponto, 1999.

ARATO, Andrew; COHEN, Jean. *Civil society and political theory*. Cambridge: The Mitt Press, 1992.

ARENDT, Hannah. *Crises da República*. São Paulo: Perspectiva, 1973.

ARNSTEIN, Sherry. Ladder of citizen participation. *AIP Journal*, p. 216-224, 1969.

AVRITZER, Leonardo. Teoria democrática, esfera pública e participação local. Cidadania e democracia. *Sociologias*, Porto Alegre, UFRS, n. 2, jul./dez. 1999.

BARBOSA, Eva M. Poder local e cultura democrática: elementos para uma abordagem multiescópica em ciências sociais. *Sociologias*, ano 2, n. 3, Porto Alegre, UFRS, 2000.

BLUMM, Márcia; SOUZA, Celina. Autonomia política local. *BIB*, Rio de Janeiro, Relume & Dumará/Anpocs, n. 48, 1999.

BOBBIO, N.; MATTEUCCI, H.; PASQUINO, G. *Dicionário de política*. Brasília: Ed. da Universidade de Brasília, 1991.

BORJA, Jordi. A participação citadina. *Espaço e Debates*, São Paulo, Cortez, n. 24, 1988.

BOTTOMORE, T. H.; Outhwaite, W. (Eds.). *The Blackwell Dictionary Twentieth-Century Social Thought*. Londres: Blackwell, 1993.

CACIA BAVA, Sílvio; BORJA, Jordi. Gestão democrática e descentralização do governo: a experiência de Barcelona. *Seminário da área temática*: gestão, participação e cidadania. São Paulo: Instituto Florestan Fernandes, 2000.

CASTELLS, Manuel. *The rise of the network society. The information age*: economy, society and culture. Oxford: Blackell Publ., 1996. v. I.

______. La nueva estrutura de la dependencia y los processos políticos de cambio social en América Latina. In: PIZZORNO et al. *Particpación y cambio social en la problemática contemporánea*. Buenos Aires: SIAP, 1975. p. 141-173.

CAPRIGLIONE, Mara L. Relato da experiência do Instituto Municipal de Administração Pública de Curitiba (IMAP). In: CEPAM. *As organizações sociais na esfera municipal*. São Paulo: Fundação Faria Lima, 1998.

CARVALHO, Antonio I. *Conselhos de saúde no Brasil*: participação cidadã e controle social. Rio de Janeiro: Ibam/Fase, 1995.

CARVALHO, M. Carmo A. A. *Participação social no Brasil hoje*. São Paulo: Pólis, 1998.

CEPAM. Conselhos municipais das áreas sociais. *Informativo Cepam*, São Paulo, Fundação Prefeito Faria Lima, n. 1, 1999.

COHN, Gabriel. Tocqueville y la pasión bien comprendida. In: BORON, Atílio (Org.). *La filosofia política moderna*: de Hobbes a Marx. Buenos Aires: Clacso/Eudeba, 2000. p. 247-267.

COLE, G. D. H. *Social theory*. Londres: Methuen, 1920.

CORI, Giulietta. *La participación como encuentro*: discurso político y práxis urbana. Caracas: Fondo Editorial Científica Venezolana, 1990.

DALLARI, Dalmo A. *O que é participação política*. São Paulo: Brasiliense, 1984.

DANIEL, Celso. Poder local no Brasil urbano. *Espaço e Debates*, n. 24, 1988.

DEMO, Pedro. *Participação é conquista*. São Paulo: Cortez, 1988.

DRAIBE, Sonia. *A nova institucionalidade do sistema brasileiro de políticas sociais*: os conselhos nacionais de políticas setoriais. Campinas: NEEP/Unicamp, 1998.

DUBET, François. *Sociologie de l'experience*. Paris: Seuil, 1994.

ESTEVÃO, Ana M. R. *Poder local nos conselhos de Oeiras e Alcácer do Sal*. Relatório de Pesquisa apresentado em seminário do GEMDEC/FE/Unicamp. Campinas: Unicamp, 1993.

IBGE. *Participação político-social 1988*. Rio de Janeiro: IBGE, 1990.

FAJARDO, José Carlo. Teorias de la participación política: un análisis conceptual. *Socialismo y Participación*, Lima, n. 16, p. 47-69, dez. 1998.

FAUNDEZ, Antonio. *O poder da participação*. São Paulo: Cortez, 1993.

FABES. Prefeitura de São Paulo. Projeto *Avaliação com as forças sociais da comunidade*. São Paulo, 1984.

______. Prefeitura de São Paulo. *Conselhos programáticos de bem-estar social*. São Paulo, 1985.

______. Prefeitura de São Paulo. *Proposta preliminar de uma política participativa*. São Paulo, 1984.

FIORE, José Luís. A governabilidade democrática na ordem econômica. *Novos Estudos Cebrap*, n. 43, p. 157-172, 1995.

FÓRUM NACIONAL DE PARTICIPAÇÃO POPULAR NAS ADMINISTRAÇÕES MUNICIPAIS. *Poder local, participação popular e construção da cidadania*. São Paulo: Ed. Instituto Cajamar/Instituto Pólis/Fase/Ibase, 1995.

FÓRUM NACIONAL DE PARTICIPAÇÃO POPULAR NAS ADMINISTRAÇÕES MUNICIPAIS. *Democratização do orçamento público e os desafios do legislativo*. São Paulo: Ed. Instituto Cajamar/Instituto Pólis/Fase/Ibase, 1996.

FÓRUM NACIONAL DE REFORMA URBANA. *Estatuto da cidade*. São Paulo, 1999.

FUNGERIK, Archon; WRIGHT, Olin. Experimentos em democracia deliberativa. *Sociologias*, Porto Alegre, URFG, n. 2, p. 100-143, 1999.

GADOTTI, Moacir. *Estado e sindicalismo docente no Brasil*: 20 anos de conflitos. São Paulo: Instituto Paulo Freire, 1998.

GEP/URPLAN/PONTIFÍCIA UNIVERSIDADE CATÓLICA DE SÃO PAULO. *Conselhos populares*: que história é essa. São Paulo, 1984.

GENRO, Tarso; SOUZA, Ubiratam. *Orçamento participativo*: a experiência de Porto Alegre. São Paulo: Editora Fundação Perseu Abramo, 1997.

GOHN, Maria da Glória. *Participação popular e Estado*. Tese (Doutorado) — Universidade de São Paulo, São Paulo, 1983.

______. Conselhos populares e participação popular. *Serviço Social & Sociedade*. São Paulo, v. IX, n. 26, p. 25-47, 1990.

______. *Teoria dos movimentos sociais*. São Paulo: Loyola, 1997.

______. *Educação não formal e cultura política*. São Paulo: Cortez, 1999.

GRAMSCI, A.; BORDIGA, A. *Conselhos de fábrica*. São Paulo: Brasiliense, 1981.

HAMEL, Pierre. *La gouvernance*: une perspective valable afin de repenser la coopération et les conflits? Université de Montreal, 1999. (Xerox.)

HERBER, Florence. O conselho municipal do carnaval. In: IVO, Anete (Org.). *O poder da cidade*. Salvador: Edufba, 2000. p. 177-198.

HOBSBAWM, Eric. *A era dos extremos*. São Paulo: Companhia das Letras, 1995.

LAVILLE, Jean-Louis; SAINSAULIEU, Renaud. *Sociologie de l'association*. Paris: Desclée de Brouwer, 1997.

LEAL, Victor Nunes. *Coronelismo, enxada e voto*. São Paulo: Ed. Alfa-Ômega, 1978.

LESBAUPIN, Ivo. *Poder local x exclusão social*. Petrópolis: Vozes, 2000.

LIMA, Antonio B. Conselhos municipais na educação: implicâncias nas políticas educacionais municipais. Programa de Doutorado em Educação, São Paulo, PUC-SP, 2000.

MABILEAU, Albert (Org.). *La Recherche du "local"*. Paris: L'Harmattan, 1993.

MELLO, Marcus André B. C. Ingovernabilidade: desagregando o argumento. In: VALLADARES, Lícia; COELHO, Magda P. *Governabilidade e pobreza no Brasil*. Rio de Janeiro: Civilização Brasileira, 1995.

MILL, J. S. *An essay on government*. Cambridge: Cambridge University Press, 1937.

MOTTA, Fernando C. P. *Participação e cogestão*. São Paulo: Brasiliense, 1982.

OLIVEIRA, Francisco. Brasil: da pobreza da inflação para a inflação da pobreza. *Cadernos Abong*, Campinas, Autores Associados, n. 27, p. 29-41, 2000.

PATEMAN, Carole. *Participação e teoria democrática*. Rio de Janeiro: Paz e Terra, 1992.

PIZZORNO, Alessandro. *Introduzione allo studio della participazione política*. Universidade Federal de Minas Gerais, 1971. (Apostila DCP.)

PONTUAL, P.; HAMILTON, J. et al. *Participação popular no ABC*: experiências e concepções. São Paulo: Instituto Pólis, 1998. (Série Papers, n. 3.)

PT. Diretório Municipal do Partido dos Trabalhadores. *A participação popular e a administração petista*. Campinas, 1989.

PUTNAM, Robert D. *Comunidade e democracia*: a experiência da Itália moderna. Rio de Janeiro: Fundação Getúlio Vargas, 1993.

ROUSSEAU, Jean J. *The social contract*. Nova York: Penguin Books, 1968.

SANTOS, Boaventura Sousa. Reinventar a democracia: entre o pré-contratualismo e o pós-contratualismo. In: HELLER, Agnes et al. *A crise dos paradigmas em ciências sociais e os desafios para o século XXI*. Rio de Janeiro: Contraponto/Corecon, 1999.

SANTOS JR., Orlando A. *Democracia e governo local*: dilemas da reforma municipal no Brasil. Tese (Doutorado) — IPPUR/UFRJ, Rio de Janeiro, 2001.

SILVA, Luiz A. P. *A formação e a dinâmica da participação nos conselhos deliberativos da assistência social*. São Paulo: Fundap, 1999.

SPOSATI, Aldaíza. *Conselho de Representantes*. Projeto de Lei n. 156/2000. São Paulo: Câmara Municipal de São Paulo, 2000.

SUPLICY, Marta. Atualidade da democracia participativa. *Seminário Internacional sobre Democracia Participativa*. Porto Alegre, p. 10-13, nov. 1999.

STANISCI, S. A. *Os conselhos deliberativo e paritários e a questão participativa de políticas sociais*. São Paulo, Fundap, 1999.

STASSEN, Jean-François. *Exclusion and participation*: can the excluded become able to participate? Belgium: Université de Liège, 1999.

URPLAN. PUC-SP. *Conselhos populares*: que História é esta? São Paulo: PUC, 1984.

TELLES, V. S. *Poder local, participação popular, construção da cidadania*. São Paulo: Instituto Cajamar/Instituto Pólis/Fase/Ibase, 1994.

TOQUEVILLE, Alexis de. *Democracia na América*. São Paulo: Martins Fontes, 1998.

TORO, Bernardo. Roda Viva, *Boletim Gestão 21*, Rio de Janeiro, n. 1, p. 12, fev. 2000.

TRAGTENBERG, Maurício et al. *Participação, participações*. São Paulo: Babel Cultural, 1988.

VALADARES, Nanci de Carvalho. *Autogestão*: o governo pela autonomia. São Paulo: Brasiliense, 1983.

VIEIRA, José L. Pratas. Le cas du Portugal: democracie participative: tradition et modernité. In: Quelles democratie participatives? *Revoe Territórios*, Paris, Adelos, n. 333, 1992.

WANDERLEY, Mariangela B. *Metamorfoses do desenvolvimento de comunidade*. São Paulo: Cortez, 1993.

Posfácio

A nova edição de *Conselhos gestores e participação sociopolítica* surge em um momento que as formas de participação social ampliaram-se, surgindo outros espaços na arena pública. O país mudou na última década, assim como o cenário do associativismo da sociedade civil. Surgiram outros atores além dos movimentos sociais, a exemplo das ONGs-organizações não governamentais, associações civis variadas, câmaras, fóruns, conselhos, plenárias, conferências etc. As mudanças fizeram com que os debates acadêmicos sobre o associativismo girasse em torno das políticas públicas, trazendo preocupações mais relacionadas com a "institucionalização" das práticas coletivas em conselhos e outras formas incorporadas à lógica política institucionalizada. Como decorrência passaram-se a enfatizar as novas formas de gestão social e as formas de participação política no âmbito de diferentes instâncias estatais.

Após a Constituição de 1988, destacam-se dois momentos na questão da institucionalização: o primeiro, nos anos de 1990, na luta para implantar as conquistas constitucionais, destacando a criação de conselhos gestores e outros espaços institucionais, como o OP — Orçamento Participativo. O segundo, a partir do ano 2000, criando inúmeras inovações no campo da participação popular democrática, como a participação via eletrônica; ampliaram-se as formas de gestão deliberativa, construiu-se e redesenhou-se o formato de várias políticas sociais, tais como a generalização do uso das conferências nacionais para dar suporte às políticas nacionais, como na área da educação, ou a criação do CONSEA — Conselho Nacional de Segurança Alimentar. Outro exemplo são as Defensorias Públicas, previstas na Constituição de 1988 para atender, jurídica e processualmente, a parcela da população sem condições de contratar um advogado, garantindo-lhes o acesso à justiça. Em síntese, inúmeras ações coletivas passaram a ser impulsionadas por mobilizações articuladas a partir de políticas públicas, algumas de caráter transnacional que ultrapassa as fronteiras do Estado-nação; todas organizadas em parcerias, atuando em redes compostas de representantes comunitários, ONGs, fundações e setores do poder público. Concordamos plenamente com Tarrow[1] (2010) quando diz: a globalização estimulou um grande número de redes da sociedade civil. Estas redes, usualmente, têm origem e natureza diferentes dos movimentos sociais propriamente ditos. Na atualidade elas disputam espaços políticos entre si, especialmente as redes formadas por ONGs e novos ativistas, sem formação nenhuma no campo da política; e as redes de movimentos sociais, nas quais ainda se encontram militantes e formas de resistência social.

---

1. Tarrow, Sidney. Global, Conventional and Warring Movements and the Suppression of Contention: Themes in Contentious Politics Research. In: *Política e Sociedade*. Florianópolis: UFSC, v. 10, n. 18, abr. 2011. p. 25-50.

As novas práticas constituem um novo tecido social denso e diversificado que tenciona as formas de fazer política e cria novas possibilidades para o futuro, em termos de alternativas democráticas. Há, portanto, um novo modelo na trajetória das relações do Estado com a sociedade civil. O associativismo alterou-se, assim como a forma de os governos relacionarem-se com os grupos e movimentos organizados. Participação e controle social passaram a ser diretrizes e normativas, regulamentadas por leis e programas sociais.

O uso do termo comunidade, nas políticas públicas, aparece nesta nova fase sempre associado à ideia de diversidade de culturas e, ao mesmo tempo, à de poder local — outra categoria ressignificada que saiu da concepção tradicional de poder das elites locais para significar força social local organizada (Sainsalieu, Salzbrunn e Amiotte-Suchet[2], 2010). O poder local se exerce no espaço de relação da sociedade civil com a sociedade política, num determinado território, categoria que vem se impondo no lugar de comunidade porque incorpora a dimensão do espaço, do lugar, da memória, da história, da cultura e do poder. O território é visto como o suporte de práticas identitárias, que estão na base dos conflitos mas também na construção de consensos.

Os *conselhos gestores*, foco central deste livro, inauguraram novidades no campo da política nos anos 1990 porque eram diferentes dos conselhos predominantes até 1988, compostos exclusivamente de representantes da sociedade

2. SAINSALIEU, Ivan; SALZBRUNN, Monika; AMIOTTE-SUCHET, Laurent. *Faire communauté en société-Dynamique des appurtenances collectives*. Rennes: Press Univ. de Rennes, 2010.

civil, cujo poder residia na força da mobilização e da pressão, e não possuíam assento institucional junto ao Poder Público.

Uma nova edição deste livro é oportuna porque ele destaca inúmeros obstáculos para uma gestão democrática, na qual haja conselhos ativos e participativos. Nos municípios sem tradição organizativa-associativa, tais conselhos podem ser apenas uma realidade jurídico-formal, não atendendo minimamente aos objetivos de serem mecanismos de controle e fiscalização dos negócios públicos. Entretanto, a simples existência de conselhos cria possibilidades de inovação ou renovação das políticas públicas. Enquanto interlocutores públicos, estes poderão: realizar diagnósticos, construir proposições, fazer denúncias de questões que corrompem o sentido e o significado do caráter público das políticas, fundamentar ou reestruturar argumentos segundo uma perspectiva democrática; em suma, eles podem contribuir para a ressifignificação da política de forma inovadora. Seu impacto na sociedade não será dado por índices estatísticos mas por uma nova qualidade exercitada na gestão pública ao tratar, por exemplo, o tema da exclusão social não meramente como inclusão em redes compensatórias destinadas a clientes/consumidores de serviços sociais. Eles podem cumprir um papel muito diferente do integrativo/assistencial atribuído no passado a outras formas de conselhos, como os comunitários/assintencialistas, compensatórios e integrativos.

Em resumo, os conselhos são um processo contraditório no qual se observam, de um lado, novas relações, oportunidades e consolidação de espaços democráticos; e, de outro, impactos nas formas de organização popular, no encaminhamento das demandas e nos resultados para os diferentes setores da sociedade civil organizada que participa daqueles processos.